EL PEQUEÑO LIBRO
DE LOS
MANTRAS

EL PEQUEÑO LIBRO DE LOS
MANTRAS

UNA INTRODUCCIÓN A LOS SONIDOS SAGRADOS

LILY CUSHMAN

edaf

MADRID - MÉXICO - BUENOS AIRES - SANTIAGO
2025

Título original: *A Little Bit of Mantras. An introduction to sacred sounds*
© 2019. Lily Cushman
© 2025. De la traducción, José Antonio Álvaro Garrido
© 2025. De esta edición, Editorial Edaf, S.L.U., Jorge Juan, 68 — 28009 Madrid, por acuerdo
  con Sterling Publishing Co., Inc., publicado por primera vez en 2019 por Sterling Ethos,
  una división de Sterling Publishing Co., Inc., 33 East 17th Street, New York, NY, USA,
  10003, representados por UTE Körner Literary Agent, S.L.U., c/ Arago 224, pral 2.ª, 08011
  Barcelona

Diseño de cubierta: © Sterling Publishing Co., Inc., adaptada por Diseño y Control Gráfico
Maquetación y diseño de interior: Adaptada del original por Diseño y Control Gráfico, S.L.

Editorial Edaf, S.L.U.
Jorge Juan, 68
28009 Madrid, España
Telf.: (34) 91 435 82 60
www.edaf.net
edaf@edaf.net

Ediciones Algaba, S.A. de C.V.
Calle 21, Poniente 3323 - Entre la 33 sur y la 35 sur
Colonia Belisario Domínguez
Puebla 72180, México
Telf.: 52 22 22 11 13 87
jaime.breton@edaf.com.mx

Ediciones y Distribuciones Edaf SRL
Calle Chile, 2222, PB
1227- Buenos Aires (Argentina)
Telf: +54 11 4308 52 22/+54 11 6784 95 16
fernando@edafarg.net

Edaf Chile, S.A.
Huérfanos 1178 - Oficina 501
Santiago - Chile
Telf: +56 9 4468 05 39/+56 9 4468 05 97
comercialedafchile@edafchile.cl

Junio de 2025

ISBN: 978-84-414-4442-3
Depósito legal: M-10026-2025

PRINTED IN SPAIN   IMPRESO EN ESPAÑA

COFÁS

Papel 100 % procedente de bosques gestionados de acuerdo con criterios de sostenibilidad.

CONTENIDO

INTRODUCCIÓN

¿Qué son los mantras? Durante miles de años los sonidos sagrados de los mantras se han utilizado para liberar el vasto potencial del corazón y la mente humanos. Encontramos estas poderosas herramientas en culturas de todo el mundo y ofrecen métodos accesibles para la curación, el descubrimiento y el bienestar. Yo entré en contacto con los mantras a los veinte años, cuando vivía en el East Village de Nueva York y trabajaba a tiempo completo como música e ingeniera de grabación. Mi introducción a los mantras tuvo lugar tras una época profundamente convulsa de mi vida, que estuvo marcada por la muerte de varios familiares directos y los atentados del 11 de septiembre. Durante muchos años me sentí destrozada por los sucesos de aquella época, intentando recomponer un sentido de integridad y comprensión. Experimenté con muchas modalidades de curación y transformación, buscando una nueva orientación hacia la vida que todavía estoy descubriendo.

Mi iniciación a los mantras se produjo durante este periodo y causó una profunda resonancia en mí. Nunca habría pensado que algo tan simple o extraño como recitar palabras en otro idioma pudiera tener un efecto tan profundo en mi vida, pero así ha sido. Siempre me he sentido a gusto con los mantras. Me han tranquilizado cuando ninguna otra cosa lo hacía. Me han permitido avanzar por la vida conectada conmigo misma y con los demás de forma más genuina. Durante la última década se han convertido, para mí, en una piedra angular, un salvavidas hacia lo más profundo de mí misma y un medio para aprender a vivir de manera auténtica desde ahí.

Me ha llevado muchos años traducir y comprender la esencia de esta práctica, desde sus raíces en la filosofía hindú, y aplicarla con provecho a mi propia vida. Este libro es una síntesis de esa exploración, y espero que te sirva para iniciar tu propio viaje hacia los sonidos sagrados.

El libro comienza con la historia de los mantras de diferentes tradiciones de todo el mundo y una mirada a mi propio linaje de Bhakti Yoga. Investigaremos los numerosos beneficios que la práctica de mantras produce en el cerebro y el cuerpo a través de estudios científicos recientes, que corroboran lo que monjes y yoguis han sostenido durante siglos. Después examinaremos el marco básico de la metodología de la práctica, que incluye la práctica de hablar, cantar y escribir. Y nos sumergiremos en los mantras propiamente dichos, presentando trece mantras sánscritos de la tradición hindú. Cada mantra incluye:

❀ **Guía de pronunciación**
❀ **Beneficios**
❀ **Deidad asociada**
❀ **Significado literal**
❀ **Mitología y folclore**
❀ **Aplicación práctica**
❀ **Prácticas recomendadas**

Además, este libro va acompañado de una práctica complementaria con recursos visuales y de audio que te ayudarán a practicar en casa. Por último, aprenderás formas creativas de aplicar la práctica del mantra a diario, con técnicas específicas para trabajar con la ansiedad, las emociones negativas, las situaciones difíciles, la salud y la sanación, llevar la intención a tu rutina y mucho más.

El pequeño libro de los mantras es una introducción en profundidad a los orígenes de los sonidos sagrados, destinada a cualquier persona interesada en ponerlos en práctica regularmente. Los métodos que se explican en esta guía han cambiado mi vida y me han proporcionado un conjunto completo de habilidades para vivir con tranquilidad, humor y alegría, con independencia de lo que me ocurra. Así que, tanto si eres neófito en el mundo de los mantras como si quieres ampliar tu práctica actual, prepárate para emprender un viaje en el que explorarás el rico y amplio mundo de los sonidos sagrados y el enorme poder que tienen para liberar nuestro potencial más profundo.

❖ 1 ❖

¿QUÉ SON LOS MANTRAS? LA HISTORIA DE LOS SONIDOS SAGRADOS

LOS MANTRAS SON SONIDOS O SÍLABAS SAGRADAS. Cuando se repiten con dedicación y concentración, sirven para estabilizar la mente y abrir el corazón. La palabra *mantra* procede del sánscrito y se adoptó por parte del inglés a finales del siglo XVIII. La palabra puede dividirse en dos raíces, *man* y *tra*. *Man* se asocia con la raíz de la palabra *manas*, que significa «mente». *Tra* se define como «atravesar». Combinada, la traducción literal de la palabra *mantra* es «atravesar la mente». Pero ¿qué significa exactamente cruzar la mente? ¿Qué hay al otro lado? ¿Y por qué querría alguien ir allí? En su conjunto, este concepto resulta bastante ajeno a la cultura occidental, ¡excepto cuando queremos deshacernos desesperadamente de una migraña! Sin embargo, en las tradiciones de Oriente los buscadores llevan miles de años explorando prácticas para aprender a trabajar con la mente, en busca de una mayor felicidad y bienestar. Estas tradiciones creen que «atravesar la mente» nos permite acceder a la plenitud de nuestro ser. Más allá de la ansiedad, la distracción y el miedo, existe un enorme potencial de conexión, creatividad y curiosidad. Esto es lo que nos espera en el mundo de los mantras: una inmensa caja de herramientas que nos permite habitar nuestras vidas.

Desde su adopción por la lengua inglesa, la palabra *mantra* ha adquirido un significado más amplio, a partir de sus raíces en la cultura hindú. El *Oxford English Dictionary* define *mantra* primariamente como «una palabra o sonido que se repite para ayudar a la concentración en la meditación»[1]. Esta definición no está muy alejada del significado tradicional, en el sentido de que meditación es otra forma de describir el «atravesar la mente». Sin embargo, también se da una segunda definición para la palabra, que es bastante diferente del significado tradicional de la misma: «una declaración o eslogan repetido con frecuencia». Esta segunda definición se refiere más al uso común de la palabra en la cultura occidental, que se parece más a una afirmación o un lema. Este uso coloquial es, en realidad, un empleo incompleto de la palabra. En el verdadero sentido de la misma, un mantra es una frecuencia sonora, un lenguaje, un ritmo e incluso una cadencia muy preciso que libera energías y cualidades específicas en quien lo pronuncia. Una afirmación, por su parte, puede ser cualquier palabra o declaración en tu lengua materna que refuerce una creencia o lema de algún tipo.

Para comprender mejor la potencia de los sonidos sagrados, echemos un vistazo a la historia de los mantras, desde su origen en la cultura hindú hasta su aparición en otros lugares del mundo.

---

[1] https://en.oxforddictionaries.com/definition/mantra

LOS MANTRAS EN LA TRADICIÓN HINDÚ

Los mantras forman parte de un conjunto mucho más amplio de rituales, enseñanzas y prácticas que conforman la filosofía hindú tradicional. Esta tradición es tan antigua que resulta difícil establecer una cronología exacta de sus orígenes. Como en la mayoría de las culturas, las primeras tradiciones se transmitieron oralmente de maestro a alumno, durante generaciones, antes de que existieran registros escritos.

El primer registro escrito de mantras en la tradición hindú se encuentra en los Vedas, que son un grupo de antiguos textos escritos en sánscrito. Estos textos son los registros escritos más antiguos de la cultura indoiraní.

Los hindúes consideran estos textos «anónimos»[2] o «no del hombre»[3]. Las fechas en las que se escribieron son objeto de bastante debate, y los estudiosos cifran sus orígenes entre hace tres mil y siete mil años. Esto da una idea del tiempo que llevan utilizándose, pero no responde a la pregunta de dónde proceden. La mayoría de los hindúes consideran que los mantras son los cantos de los *rishis*, los mayores santos y sabios de la antigua India.

El folclore hindú atribuye la creación del universo a un mantra primordial en concreto, señalando que el mantra existía antes que cualquier otra materia en el universo.

Así que el origen real de los mantras es bastante místico, ¡lo que hace aún más impresionante que lleven utilizándose miles de años!

---

[2]   Jan Westerhoff, Nagarjuna's Madhyamaka: *A Philosophical Introduction* (Nueva York: Oxford University Press, 2009), p. 290.

[3]   Deepak Sharma, *Clasical Indian Philosophy*: A Reader (Nueva York: Columbia University Press, 2011), pp. 196-197.

Muchos linajes espirituales diferentes practican los mantras, bajo el paraguas de las tradiciones hindúes. En el Bhakti Yoga, los mantras se utilizan para cultivar la devoción como vía para abrir el corazón y la conciencia.

En el Nāda Yoga, los mantras forman parte de un sistema de transformación del cuerpo y la mente mediante sonidos internos y externos. El Kriya Yoga utiliza mantras, junto con la respiración y la práctica de mudras, para entrar en estados profundos de quietud.

El Laya Yoga utiliza mantras, además de la respiración, posturas de yoga, mudras y bandhas, para despertar la kundalini en el cuerpo y experimentar estados superiores de conciencia.

El rico y variado uso de los mantras en estas diversas ramas también se ha extendido a la cultura popular. Cuando se viaja por las calles de Delhi, se pueden ver mantras incorporados en los nombres de los negocios, como por ejemplo edificios hechos con ladrillos *Guru* o mangueras hidráulicas *Om India*. Y lo que es mejor, su diminuto rickshaw suele estar cubierto de pegatinas de mantras y totalmente decorado con abundancia de deidades.

Los mantras son parte integrante de la vida cotidiana en la tradición hindú, tanto en la práctica espiritual focalizada como en el rico paisaje de la cultura india.

MANTRAS A LO LARGO DEL MUNDO

Aparte de la tradición hindú, los mantras tienen una historia diversa, que abarca muchas culturas y religiones de todo el mundo. En el transcurso de la civilización, la oración y el canto han sido siempre un canal para conectar y expandir el corazón y la mente. Estas expresiones abarcan desde los sistemas formales que rigen muchas religiones organizadas hasta los sonidos más sencillos que utilizan los padres para comunicarse con sus bebés. En otras tradiciones orientales como el budismo, el jainismo, el sijismo y el taoísmo los mantras desempeñan un papel importante. Los mantras también se utilizan en el judaísmo, el cristianismo, el paganismo y tradiciones chamánicas. Describimos algunos mantras de distintas religiones del mundo.

EN LA TRADICIÓN BUDISTA:

Om Mani Padme Hum (Me inclino ante la joya en el loto del corazón)

Nam myoho renge kyo (Homenaje al sutra del loto)

Sabbe sattā sukhi hontu (Que todos los seres sean felices)

Gate gate paragate parasaāgate bodhi svaha (Se fue, se fue, se fue más allá, se fue completamente más allá. Oh, qué despertar)

EN LA TRADICIÓN CRISTIANA:

Señor Jesucristo, ten piedad de mí

Ave María, llena eres de gracia

EN LA TRADICIÓN JAINISTA:

*Namokar mantra (*reverencia a los conquistadores de los sentidos)

Oración Pratikramana (para pedir perdón)

EN LA TRADICIÓN JUDÍA:

Shema Yisrael Adonai Eloheinu, Adonai Echad (Escucha, oh, Israel: El Soberano nuestro Dios, el Soberano es Uno)

Shalom (Paz)

Elohim (nombre de Dios)

EN LA TRADICIÓN MUSULMANA:

Allahu Akbar (Dios es grande)

Bismillah Al-Rahman, Al-Rahim (En el nombre de Dios, el más misericordioso, el más compasivo)

EN LA TRADICIÓN SIJ:

Wahe Guru (maestro maravilloso)

Mool Mantra (enseñanza básica)

Los pueblos indígenas de todo el mundo también han utilizado mantras en diversas prácticas curativas y ceremoniales durante siglos, al igual que los chamanes de la cultura nativa americana. La cultura polinesia también tiene su propio historial de sonidos sagrados, al igual que los aborígenes australianos y las civilizaciones maya e inca. Los mantras se encuentran en todas estas creencias, tradiciones y culturas, lo que nos lleva a reconocer la universalidad de esta práctica.

CONCLUSIÓN

Uno de mis mitos favoritos sobre el origen de los mantras está relacionado con que los antiguos rishis (o sabios) de la India los escuchaban. Se creía que los rishis eran «videntes» de la verdad, que estaban tan en sintonía con la naturaleza divina de la vida que oían los mantras como el tejido del cosmos. Se creía que estos mantras ya existían en una forma no manifestada y que los rishis se limitaban a escucharlos.

Me encanta este concepto de que los sonidos sagrados están a nuestro alrededor y al alcance de todos, como un río que fluye, esperando a que los escuchen. Al recitar un mantra, es como si estuviéramos entrando en una antigua corriente en la que miles de personas antes que nosotros también han entrado, como medio de descubrimiento y transformación. Nuestra práctica del mantra puede ser una continuación de los muchos buscadores que nos han precedido, y de los muchos más que nos seguirán.

❧ 2 ❧

LOS BENEFICIOS DE LOS MANTRAS. LO QUE DICE LA CIENCIA

G RACIAS AL AUGE QUE LAS PRÁCTICAS DE YOGA Y *mindfulness* han tenido en las últimas décadas, han aumentado los estudios científicos que evalúan los efectos mensurables que estas prácticas tienen en la mente y el cuerpo. Estas investigaciones revelan la fascinante ciencia que hay detrás de lo que los aficionados a la práctica de mantras llevan pregonando desde hace miles de años: que los mantras nos cambian desde el interior hacia el exterior, desde dentro hacia fuera. Los beneficios de esta antigua práctica incluyen un cuerpo sano, un cerebro sano, bienestar mental y bienestar emocional.

En este capítulo exploraremos los beneficios más amplios que ofrecen los mantras. En la segunda mitad del libro analizaremos de forma más específica los beneficios únicos de cada uno de los mantras, caso por caso.

¿MANTRA O NO?

Una de las preguntas más comunes que hacen los nuevos estudiantes es si cantar un mantra tiene algún beneficio en comparación con cantar un no-mantra. Un estudio de 2017 comparó la diferencia con veintiún practicantes budistas[1], y en él se mostró a los participantes una foto neutra o una foto negativa para inducirles estrés y/o miedo. En ambos casos se indicó a los participantes que repitieran mentalmente el mantra de Buda o el nombre de «Papá Noel». Se utilizó electroencefalografía (EEG) para medir la actividad en distintas partes del cerebro. El objetivo de base del estudio fue la diferencia en la modulación cerebral entre el participante al que se le mostraba una foto neutra y una foto negativa. A continuación se mostró a los participantes una foto neutra o negativa mientras repetían mentalmente el mantra o «Papá Noel» para comparar el efecto de cada uno. Cuando los participantes repetían «Papá Noel» después de que se les mostrara una foto negativa, no se producía ningún cambio en la modulación del cerebro. Pero, cuando repitieron el mantra, el cerebro respondió como si estuvieran viendo la foto neutra, aunque estuvieran observando la foto negativa. Este hallazgo revela que el efecto de los mantras puede no ser el mismo que el de una palabra corriente. Por tanto, es mucho más beneficioso repetir un mantra real que una simple palabra al azar.

La respuesta de relajación

Uno de los primeros investigadores de la ciencia del mantra fue Herbert Benson, cardiólogo y profesor de medicina mente/cuerpo en la Facultad de Medicina de Harvard. El doctor Benson fue el fundador del Instituto Médico Mente/

---

[1] https://www.ncbi.nlm.nih.gov/pubmed/28119651.

Cuerpo del Hospital General de Massachusetts, donde también es director emérito del Instituto Benson-Henry. Los primeros trabajos de Benson se centraron en establecer la conexión entre mente y cuerpo en la medicina occidental. Antes de la década de 1960 los médicos prácticamente ignoraban la conexión mente-cuerpo en nuestra cultura. La investigación del doctor Benson abordó el cuerpo y la mente como un solo sistema, explorando la forma en la que diversas prácticas, como el yoga, la meditación, el mantra y la oración, desempeñan un papel importante en la reducción de la respuesta al estrés. En su investigación, Benson acuñó el término *respuesta de relajación* para describir científicamente el estado meditativo provocado por estas prácticas. Define la respuesta de relajación como lo opuesto a la respuesta de estrés del cuerpo, también conocida como *respuesta de lucha o huida*. Más concretamente, la *respuesta de relajación* se caracteriza por un conjunto de cambios fisiológicos que incluyen un menor consumo de oxígeno, una menor eliminación de dióxido de carbono, una menor frecuencia respiratoria, un mayor grosor de la corteza cerebral, un aumento de las oscilaciones de baja frecuencia de la frecuencia cardiaca, un aumento del óxido nítrico exhalado, etc.

En 2018 un estudio realizado por investigadores del Instituto Benson-Henry exploró más a fondo los efectos de la *respuesta de relajación* en pacientes con hipertensión en estadio 1, como terapia complementaria al tratamiento farmacológico antihipertensivo. El estudio reveló que la presión arterial se redujo en más de la mitad de todos los pacientes, después de un entrenamiento de respuesta de relajación de ocho semanas, y el entrenamiento se asoció con mejoras en las variables psicológicas y cambios específicos en la expresión génica. «Este es el primer estudio que prueba una intervención de este tipo en una población de adultos no medicados con hipertensión persistente y bien documentada, y el primer estudio que identifica determinantes genómicos asociados con el impacto de una intervención mente-cuerpo sobre la hipertensión. Los resultados de este estudio proporcionan nuevos conocimientos sobre cómo la medicina integral, especialmente los enfoques mente-cuerpo, influye en el control de la presión arterial a nivel molecular»[2].

Los resultados del estudio también muestran que las prácticas de respuesta de relajación pueden reducir los procesos inflamatorios y fortalecer las funciones inmunitarias, factores ambos que contribuyen a reducir la presión arterial en los pacientes. Sin embargo, aún más emocionante en esta investigación resulta la evidencia de cómo las prácticas de respuesta de relajación (mantra, yoga, meditación y técnicas de respiración) pueden reducir la presión arterial mediante la alteración de la expresión de los genes en un conjunto selecto de vías biológicas. Esta alteración de una secuencia de ADN es algo que antes solo se creía posible a través del nacimiento; sin embargo, el estudio de la epigenética revela ahora que cambios ambientales como el estrés, la dieta, la contaminación y los estilos de vida tienen la capacidad de influir en qué genes de nuestro ADN se expresan y se transmiten a nuestros hijos. «Esto significa que los perfiles de expresión genética alterados en un progenitor podrían ser heredados por sus hijos y nietos, lo que tendría implicaciones directas para la salud, ya que las personas podrían desarrollar una enfermedad en función del entorno al que se expusieron sus padres o abuelos, aunque ellos mismos no estuvieran expuestos al mismo»[3]. En otras palabras, la práctica del canto no solo ayudará a tu propia tensión arterial, ¡sino que también podría ayudar a tus hijos y nietos!

---

[2] https://www.liebertpub.com/doi/10.1089/acm.2017.0053.

[3] https://www2.le.ac.uk/projects/vgec/highereducation/epigenetics_ethics/Introduction.

Reducir la tensión arterial

Otro estudio prometedor sobre los efectos del canto en la presión arterial fue realizado en 2008 por un profesor de neurociencia del Imperial College de Londres. El doctor Alan Watkins realizó el estudio controlando la presión arterial y la frecuencia cardiaca de cinco monjes, durante un periodo de veinticuatro horas. Los resultados del estudio revelaron que tanto la frecuencia cardiaca como la presión arterial alcanzaron su nivel más bajo a lo largo del día, mientras los monjes entonaban cantos gregorianos. «Recientemente hemos llevado a cabo una investigación que demuestra que la respiración regular y la estructura musical del canto pueden tener un impacto fisiológico significativo y positivo», afirma el doctor Alan Watkins[4].

El poder de Om

En 2010 el Centro de Investigación Avanzada en Yoga y Neurofisiología del Consejo Indio de Investigación Médica de Bangalore (India) realizó un estudio sobre los efectos del mantra Aum. Los participantes en el estudio fueron un grupo de experimentados practicantes de mantras con entre cinco y veinte años de experiencia. Se estudió a cada sujeto en dos sesiones diferentes, una con meditación mantra y otra sin pensamiento dirigido. El estudio descubrió «una combinación de alerta mental con descanso fisiológico durante la práctica de la meditación Om»[5].

Un estudio de 2018 encontró resultados similares en el canto de Aum durante treinta minutos, entre un grupo de meditadores neófitos. El EEG se realizó antes, durante y después del experimento, y los investigadores informa-

---

[4] http://www.orthodoxchristianity.net/forum/index.php?topic=15834.0.

[5] https://www.ncbi.nlm.nih.gov/pmc/articles.

ron que se encontró un «aumento en la potencia theta después de la meditación, cuando se promedió en todas las regiones del cerebro»[6]. Se cree que las ondas theta están presentes cuando las personas están en un estado de relajación mental profunda o están involucradas en esfuerzos creativos que promueven estados de hiperfocalización (debido a la falta de distracción). Ambos estudios sugieren que la meditación Om puede aumentar la relajación al potenciar este tranquilo estado de concentración.

Disminución de la autorreferencia

Aparte de los beneficios fisiológicos de la práctica del mantra, numerosos estudios confirman el efecto que esta práctica tiene en nuestra forma de pensar. Una red cerebral que se ha visto afectada por la práctica del mantra es la red de modos por defecto (DMN). Las regiones de la DMN se activan cuando las personas se sumen en pensamientos relacionados con uno mismo, incluidos los recuerdos y el relato que tenemos sobre nosotros mismos, la descripción que tenemos de nosotros mismos y nuestro reflejo emocional hacia nosotros mismos[7]. En otras palabras, la DMN se activa a menudo por el pensamiento «relativo a mí mismo». Los nodos del DMN también se activan cuando la mente divaga, recordando el pasado o pensando en el futuro. Según un estudio de 2017, «el entrenamiento en meditación con mantras, al igual que otras prácticas, como pueden ser la atención focalizada y la monitorización abierta, también [tuvo]

---

[6]   https://www.ncbi.nlm.nih.gov/pubmed/29752573.

[7]   Jessica R. Andrews-Hanna, "The Brain's Default Network and Its Adaptive Role in Internal Mentation", The Neuroscientist: A Review Journal Bringing *Neurobiology, Neurology and Psychiatry 18*, no. 3 (1 de Junio de 2012): 251–270, doi:10.1177/1073858411403316.

un efecto supresor sobre la actividad dentro de la DMN»[8] durante un estudio de dos semanas en el que se utilizó la meditación con mantras kundalini. Este hallazgo revela que, en tan solo dos semanas, la práctica del mantra reducirá la actividad cerebral que a menudo se observa en el pensamiento egocéntrico. Este estudio apoya la opinión de que la práctica del mantra puede ayudar a reducir el pensamiento obsesivo en el que a menudo nos perdemos, mientras nos contamos historias sobre nosotros mismos, además de rumiar sobre el pasado y ponderar con ansiedad el futuro.

Mayor resistencia

Una de las habilidades más poderosas que cultiva la práctica del mantra es la resiliencia. La *resiliencia* es nuestra capacidad para levantarnos cuando caemos, sacudirnos el polvo y volver a empezar. La práctica del mantra no es la única forma en que cultivamos esta habilidad directamente; también es una que está incorporada en una variedad de modalidades de meditación y yoga. Aunque este beneficio no es exclusivo de la práctica del mantra, resulta bastante significativo y ha sido validado por la investigación científica. En un estudio de 2012 el doctor Richie Davidson realizó un experimento, en el Centro de Mentes Saludables de la Universidad de Wisconsin-Madison, sobre los efectos de la meditación en el tratamiento del dolor. En el estudio de Davidson los investigadores aplicaron calor en el interior del antebrazo, por debajo de la muñeca, a un grupo de meditadores expertos, con más de diez mil horas de práctica, y a un grupo de meditadores novatos. En cada ensayo los sujetos dispusieron de cuarenta y cinco segundos para entrar en estado de meditación y, a continuación,

---

[8]   https://link.springer.com/article/10.1007/s41465-017-0028-1.

se les aplicó calor, una señal de que el calor real estaba por llegar. Inmediatamente después, se escaneó el cerebro de los participantes con una resonancia magnética funcional[9]. Los resultados mostraron algo muy interesante, según los investigadores: «El dolor no molestaba tanto a los expertos como a los novatos, en quienes la ansiedad de anticipación era más fuerte». La actividad cerebral de los meditadores expertos mostraba que volvían más rápidamente a un estado de reposo neutro tras el dolor, mientras que los novatos permanecían en un estado de ansiedad anticipatoria sobre el dolor, que en algunos casos era peor que el propio dolor. En otras palabras, los meditadores expertos tenían una mayor capacidad de recuperación en su respuesta al dolor. Estos meditadores expertos fueron capaces de descansar tras el momento de dolor y, en general, como resultado manejaron mejor toda la experiencia, aunque la experiencia real del dolor fue la misma para todos los participantes, tanto expertos como novatos. El estudio señala la importancia de cultivar la habilidad de la resiliencia, aprendida mediante la práctica de mantras y otras modalidades, para poder manejar mejor las situaciones difíciles, cambiando la forma en que nos relacionamos con ellas.

Lucha contra el Alzheimer

La Alzheimer's Research and Prevention Foundation de Tucson (Arizona) lleva desde 1998 investigando los efectos de la práctica de mantras como elemento clave de un enfoque integrador para prevenir la pérdida de memoria y el Alzheimer. Un estudio de 2017, realizado por investigadores de la fundación, exploró los efectos de la práctica de mantras y el Kundalini Yoga en participantes

---

[9]   https://centerhealthyminds.org/news/meditation-expertise-changes-experience-of-pain.

mayores de cincuenta y cinco años, con deterioro cognitivo leve[10]. Los grupos, creados aleatoriamente, se sometieron inicialmente a pruebas para establecer líneas de base de comprensión cognitiva (es decir, memoria y funcionamiento ejecutivo) e inteligencia emocional (incluyendo depresión, apatía y resiliencia). Se les volvió a examinar a las doce y a las veinticuatro semanas. La mitad del grupo participó en una práctica diaria de mantras y yoga, consistente en doce minutos diarios de canto de mantras, doce minutos de práctica respiratoria prescrita y quince minutos de meditación guiada. La mitad del grupo que realizó esta práctica diaria «presentó una mejora significativa del funcionamiento ejecutivo y una mejora de los síntomas depresivos y de la resiliencia al cabo de doce y veinticuatro semanas, así como beneficios incluso más duraderos». Estos hallazgos muestran un potencial apasionante para un enfoque preventivo de la demencia y la enfermedad de Alzheimer que apenas está empezando a explorarse con la investigación científica actual.

En conclusión, los beneficios de los sonidos sagrados cuentan con un respaldo científico cada vez mayor. Tanto si tu interés por los mantras surge de la simple curiosidad como de un deseo de mayor paz mental, los mantras ofrecen un sinfín de beneficios para la mente, el cuerpo y el espíritu.

Ahora que sabemos más sobre las diferentes formas en que los mantras nos benefician, cambiemos de marcha y veamos cómo trabajar con ellos, como una práctica real.

---

[10] https://www.researchgate.net/publication/312383052_A_randomized_controlled_trial_of_Kundalini_yoga_in_mild_cognitive_impairment.

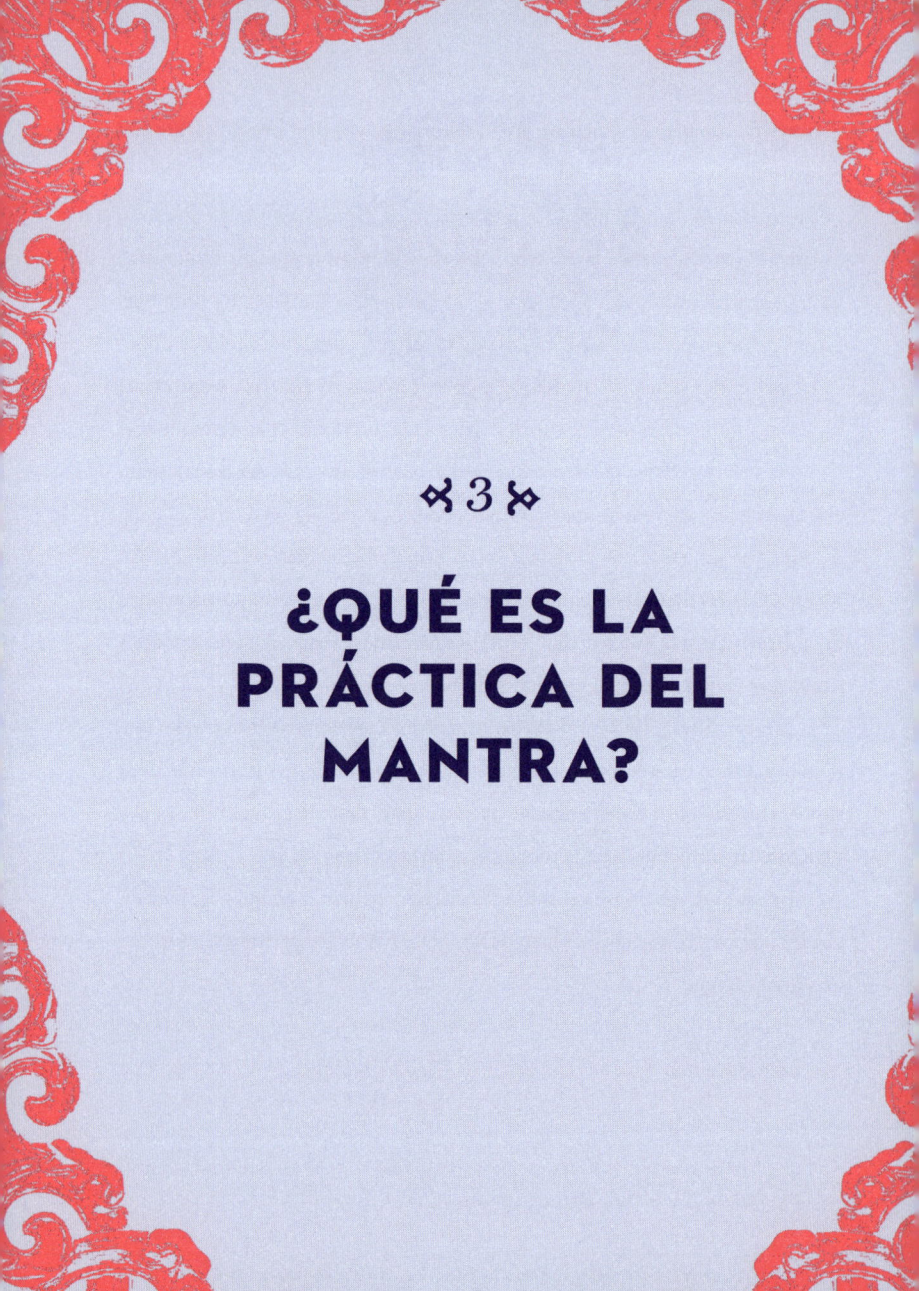

❈ 3 ❈

¿QUÉ ES LA PRÁCTICA DEL MANTRA?

AHORA QUE ENTENDEMOS LAS MUCHAS MANERAS EN las que los mantras pueden afectarnos, veamos cómo ponerlos en práctica de verdad. Tal práctica se basará en el linaje del que proviene, pero la aplicaremos de un modo muy moderno y práctico. No te preocupes si no conectas con la mitología del panteón hindú. Eso no es necesario para llevar a cabo esta práctica.

Durante muchos años, practiqué el mantra a diario sin saber lo que estaba diciendo, porque simplemente me gustaba cómo me sentía al hacer la práctica. Solo años más tarde empecé a explorar el significado más profundo de los mantras y el folclore que los rodea.

Te animo a que explores esta práctica de la forma que te resulte más natural. Quédate con las herramientas que te resulten útiles y desecha todo lo que no encaje contigo.

PRÁCTICA DEL MANTRA: INTRODUCCIÓN

La práctica del mantra es la repetición de un sonido sagrado, ya sea hablando, cantando o escribiendo. La práctica del mantra puede considerarse como un entrenamiento de habilidades para nuestro corazón y nuestra mente. Repetir un mantra parece engañosamente sencillo; sin embargo, esta práctica puede revolucionar la forma en que te relacionas contigo mismo y con el mundo que te rodea. Practicando mantras con regularidad, aprenderás a centrar tu atención, a dejar de lado las distracciones y a desarrollar resiliencia. Los mantras te permiten cambiar tu forma de prestar atención.

Un elemento clave de cualquier práctica -ya sea aprender a jugar al ajedrez, al béisbol o a hablar un nuevo idioma- es la repetición. En la práctica del mantra, la repetición es esencial para entrenarte poco a poco a prestar atención de forma diferente. No ocurre de la noche a la mañana; de hecho, los profesores recomiendan que la forma más eficaz de acercarse a la práctica del mantra es la de hacerla de forma paulatina, un poco cada día, aunque solo sean cinco minutos mientras estás sentado en el coche, antes de entrar a trabajar. Una de las razones por las que la repetición es esencial para esta práctica se deriva de la forma en que está conectado nuestro cerebro y de la ciencia sobre cómo creamos nuevos hábitos y vías en el cerebro.

¿CÓMO SE PRACTICAN LOS MANTRAS?

Existe un marco básico para la práctica que es el mismo, independientemente del tipo de mantra que practiques. Una vez que comprendas este marco, podrás aplicarlo a todos los diferentes tipos de práctica, así como a la meditación o al yoga. La estructura de la práctica puede dividirse en cuatro pasos:

1. CENTRAR TU ATENCIÓN EN EL MANTRA

2. NOTAR CUANDO TU MENTE DIVAGA

3. DEJAR IR CON SUAVIDAD LA DISTRACCIÓN

4. COMENZAR DE NUEVO, LLEVANDO TU ATENCIÓN AL MANTRA

Cada paso tiene su propio matiz y función, así que echaremos un vistazo a cada uno por separado.

1. CENTRAR TU ATENCIÓN EN EL MANTRA

El primer paso de este proceso reside en recogerte. Pasas de un estado de dispersión y fragmentación a otro de concentración y totalidad. Este proceso suele describirse como el cultivo de la concentración, pero yo lo veo más como pastorear gatos dentro de mi cabeza. La mayoría de la gente asume que cuando nos sentamos a practicar, eso significa que vamos a forzar mágicamente a nuestra mente a dejar de pensar, pero no es así como funciona. Lo que hacemos en realidad, con la práctica del mantra, es reunir todos los pensamientos y sentimientos fragmentados que vagan por nuestra mente y concentrarlos en un objeto elegido, que en este caso es el mantra. Nos reunimos y lo volcamos todo en el propio mantra. Esto puede significar pronunciar el mantra en voz alta, repetirlo en silencio, cantarlo o escribirlo.

A medida que repites este proceso a lo largo del tiempo, poco a poco vas mejorando en la labor de conducir a esos gatos. Poco a poco, irás adquiriendo la capacidad de reunirte contigo mismo desde rincones más alejados de tu mente, y con mayor eficacia. Permanecerás concentrado durante más tiempo, con mayor facilidad, y te sentirás más a gusto con el propio mantra. Así es la concentración. Es como entrenarse para una maratón. No adquieres la capacidad de terminar el maratón en una sola tarde de carrera, sino gradualmente, con el tiempo.

Y, una vez que desarrollas ese músculo de la concentración, puedes aplicarlo a cualquier faceta de tu vida. Puedes concentrarte en una compañera de trabajo que te cuenta las vacaciones de sus sueños, puedes dedicarte por completo a cortarle el pelo a tu perro, puedes comer poniendo en ello todo tu ser.

El poder que construyes con la práctica de los mantras es una forma de concentración que te permite ir a por todas en cualquier cosa que hagas, sin contenerte. Cuando empecé a sentir los efectos de una mayor concentración en mi vida, descubrí la asombrosa capacidad de trabajar en proyectos durante horas interminables, sin perder nunca la concentración o el interés.

Más que nunca antes, podía sumergirme más profundamente en mi trabajo, accediendo a altos estados de creatividad, claridad y compromiso con gran facilidad, y sentirme más a gusto con el propio mantra. Así es la concentración. Es como entrenarse para una maratón.

No se adquiere la capacidad de terminar el maratón en una tarde de carrera, sino gradualmente, con el tiempo. Y una vez que desarrollas ese músculo de la concentración, puedes aplicarlo a cualquier faceta de tu vida. Puedes concentrarte en que una compañera de trabajo te cuente las vacaciones de sus sueños, puedes sumergirte por completo en el corte de pelo de tu perro, puedes comer de todo corazón con cada parte de tu ser.

El poder que construyes con la práctica de los mantras es una forma de concentración que te permite ir a por todas en cualquier cosa que hagas sin contenerte.

Cuando empecé a sentir los efectos de una mayor concentración en mi vida, de repente podía pasarme cinco horas componiendo música nueva sin distraerme ni una sola vez. Me metía tanto en lo que estaba haciendo que pasaba casi todo el día sin acordarme de ir al baño o de beber un vaso de agua.

2. NOTAR CUANDO TU MENTE DIVAGA

Una vez que nos hemos recogido, la mente hace lo que hace la mente: divagar. Recuerda que el objetivo de esta práctica no es detener mágicamente nuestros pensamientos. En lugar de eso, nos estamos entrenando para trabajar de forma diferente con la mente. Por lo tanto, el segundo paso de este proceso consiste simplemente en darnos cuenta de que hemos vagado: darnos cuenta de que esos gatos vuelven a vagar libremente. En un momento estás con el mantra y, cuando te das cuenta, estás diez minutos eligiendo nombres para la hija que nunca vas a tener con el desconocido del gimnasio que te sonrió ayer. Diez minutos. En otras palabras, has estado fuera bastante tiempo antes de darte cuenta. Eso es lo que yo llamo la *brecha*. La brecha es el espacio entre el momento en que pierdes la concentración y el momento en que te das cuenta de que la has perdido.

Esta brecha puede durar unos segundos o unos minutos, dependiendo de lo bueno que seas eligiendo nombres de bebés. Lo desconcertante de todo esto es que no podemos controlar el desfase: todo pasa desapercibido. No elegimos activamente abandonar el mantra, sino que ocurre por sí solo, y por eso mucha gente se desanima en la práctica. La mayor parte de nuestra dispersión se encuentra totalmente fuera de nuestro alcance. Pero no te preocupes: aún no hemos terminado y lo que viene a continuación es bastante revolucionario.

3. DEJAR IR CON SUAVIDAD LA DISTRACCIÓN

Volvemos al asiento del conductor con el tercer paso: dejar ir. En realidad, podríamos seguir adelante y dejar que la distracción nos llevara más adentro en la madriguera del conejo. Pero conocemos demasiado bien esa trayectoria. Así que, en lugar de volver a caer en nuestro modo por defecto de perseguir la distracción, utilizamos el mantra para probar una táctica diferente, el revolucionario acto de dejar ir. Dejar ir es como decir «ahora no» a la distracción, en lugar de permitir que nos aleje de nuestro anclaje en la práctica. En otras palabras, soltamos todo lo que *no sea un mantra*. Esta elección puede parecer bastante inocua al principio, pero es muy importante aprender a resistir toda una vida de condicionamientos, aunque no se nos enseña el valor de hacerlo. En lugar de eso, nos enseñan a aferrarnos lo más posible a todo lo que nos rodea. La belleza de la práctica del mantra es que nos da la oportunidad de probar una forma diferente de hacer las cosas y descubrir por nosotros mismos lo que es útil y lo que, en última instancia, nos hace avanzar.

4. COMENZAR DE NUEVO, LLEVANDO TU ATENCIÓN AL MANTRA

Una vez que nos hemos soltado, el último paso está en volver la atención al mantra, para empezar de nuevo. Este último movimiento consiste en volver a conectar con la base y reunirnos allí de nuevo. Esto es esencial para seguir adelante. Sin ello no vamos a conseguir casi nada. Empezar de nuevo es como decir: «Oh, espera, ¿dónde estaba? Ah, sí, estaba practicando el mantra», para luego retomarlo de nuevo. Es importante reconocer este movimiento central de *vagar y volver a* la práctica del mantra porque muchos principiantes lo toman como un signo de fracaso. *Pero volver a empezar es la práctica en sí misma.* Y cuando puedes establecerte en el ritmo de estar bien con vagar y empezar de nuevo, es cuando empiezas a lograr mucho. Personalmente, me encanta este paso de la práctica, porque es el que más potencia. Pase lo que pase, siempre podemos resurgir de las cenizas y empezar de nuevo. Incluso después de las mayores desviaciones en la vida, este paso nos enseña que podemos recuperarnos y seguir adelante con lo que más nos importa. ¿Y qué mayor poder podríamos tener en la vida que ese? Así que, una vez más, esta habilidad con la que estamos trabajando en el nivel micro nos está sirviendo en el nivel macro de nuestras vidas de forma significativa. Citando a la mundialmente conocida profesora de meditación, Sharon Salzberg: «La curación está en el regreso, no en no haber deambulado nunca para empezar».

Este marco de cuatro pasos para la práctica es un proceso cíclico, lo harás una y otra vez. En otras palabras, ser asombroso en la práctica del mantra no significa que solo se ejecuta a través de este proceso de cuatro pasos una vez en una sesión y luego nunca hacerlo de nuevo. Aprender a tener éxito en esta práctica es aprender a pasar por los cuatro pasos con eficiencia y con facilidad, tantas veces como te encuentres distraído. El objetivo no es realizar este proceso menos veces, sino hacerlo con la mayor eficacia posible. Los que llevan cincuenta años practicando mantras siguen realizando este mismo proceso, pero con más paciencia y compasión. Pueden desprenderse de las distracciones con más facilidad, no se pierden en su autojuicio tanto tiempo y pueden volver a empezar más rápidamente y con mayor entusiasmo.

Ahora que ya conoces los pormenores de la práctica del mantra y las habilidades que aprendemos al hacerlo, vamos a explorar los tres métodos básicos para la práctica del mantra que utilizarás para aplicar este marco.

❀ CONSEJO PROFESIONAL ❀

El arte de volver a empezar también se aplica a nuestra práctica en general. Todo el mundo tiene periodos de práctica diaria regular que se interrumpen cuando la vida se vuelve ajetreada. Cualquier practicante a largo plazo te dirá que aprender a retomar la práctica diaria después de perder el impulso es el secreto del éxito. Así que, en lugar de castigarte por no mantener una práctica diaria, intenta enmarcar el momento como una oportunidad para volver a conectar con la motivación más profunda de tu práctica, sencillamente volviendo a empezar.

❖ 4 ❖

PRÁCTICA FORMAL DE LOS MANTRAS

EXISTEN TRES MÉTODOS PRINCIPALES PARA LA PRÁCTICA formal del mantra: hablar, cantar y escribir. Cada uno de ellos se ha utilizado durante miles de años en la tradición hindú. El ancla de cada práctica es el propio mantra, pero cada uno presenta un enfoque diferente, dependiendo del estilo de aprendizaje individual del practicante. Tanto la práctica hablada como la cantada funcionan mejor para los estudiantes auditivos, mientras que la práctica escrita se adapta a los estudiantes visuales y de lectura/escritura.

Cada método es igualmente eficaz y se sostiene por sí mismo como una práctica completa, por lo que recomiendo probar cada uno de ellos para encontrar el que mejor se adapte a ti.

MÉTODOS DE PRÁCTICA DE LOS MANTRAS

JAPA: RECITAR EL MANTRA EN VOZ ALTA O EN SILENCIO

KIRTAN: CANTAR MANTRAS

LIKHITA JAPA: ESCRIBIR O DIBUJAR EL MANTRA

Japa जप: Mantra expresado

La práctica del japa consiste en pronunciar un mantra en voz alta o en silencio. El mantra puede pronunciarse en voz alta, en un suave susurro o repetirse en silencio. La palabra sánscrita *japa* deriva de la raíz *jap*, que significa «pronunciar en voz baja, repetir internamente, murmurar»[1]. En japa, practica anclando tu conciencia a las palabras habladas del mantra, y escuchándote a ti mismo decir el mantra. La práctica del mantra japa es más adecuada para estudiantes auditivos.

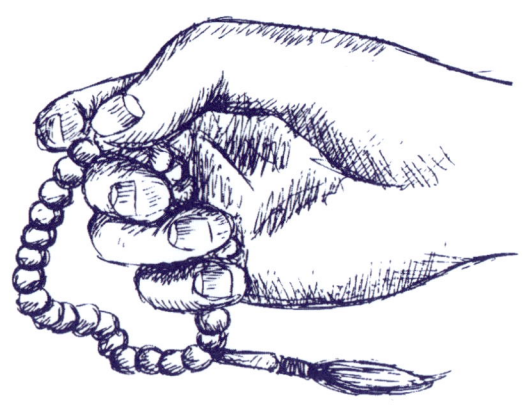

---

[1]   Vaman Shivram Apte, *The Practical Sanskrit Dictionary*, p. 447.

En este método el mantra se repite un número determinado de veces, o en conjuntos de números específicos. El número más común para la práctica del japa es el de 108 repeticiones (un número propicio en la tradición hindú) o, para mantras más largos, números impares como 3, 11 o 13. El recuento de las repeticiones del mantra se suele realizar con cuentas de oración *mala*, de forma similar a como se utiliza un rosario. Un mala de collar tradicional tiene 108 cuentas más una de cabeza (la *sumera* o cuenta del gurú), y el mala de pulsera tiene 27 cuentas más una de cabeza (de modo que cuatro vueltas en la pulsera equivalen a 108 recitaciones).

Los mala se fabrican con muchos materiales diferentes, tales como madera, semillas y piedras semipreciosas. Con el tiempo un mala se impregna gradualmente de las propiedades del mantra con el que se utiliza para contar, por lo que es habitual utilizar un solo mantra para un solo mala, y utilizar ese mala durante muchos años. Los malas son poco prácticos para los mantras más largos, por lo que en estos casos se emplean otros mecanismos de recuento, como trece piedrecitas en un cuenco o un contador manual.

Una de las cosas que más me gustan de la práctica de japa es lo portátil y discreta que es. Si tienes un mala, puedes meterlo en tu bolsillo y llevar tu práctica formal a cualquier parte.

Puedes hacer esta práctica sin cargar con una tonelada de equipo, un atuendo especial, o que alguien piense que eres de lo más raro. Y para aquellos de nosotros cuyo horario diario es errático, la portabilidad de este método lo hace más adecuado para el uso diario. Cuando no encontramos tiempo en casa, podemos escabullirnos diez minutos en el metro, durante la hora punta, durante un paseo a la hora de comer o en cualquier otro lugar en el que encontremos tiempo.

CONSEJO PROFESIONAL: ¿CÓMO UTILIZAR UN MALA?

Sujeta el mala con la mano derecha, apoyando las cuentas sobre el dedo corazón y apuntando suavemente con el dedo índice hacia fuera. Empezando por la cuenta de la cabeza, tira del mala hacia ti, cuenta a cuenta, con el pulgar. Cuando completes un círculo completo alrededor del mala, no cruces la cuenta de la cabeza. En lugar de ello, gira el mala para que la siguiente vuelta se realice en la dirección opuesta. Continúa cada vuelta de esta manera, primero en el sentido de las agujas del reloj y luego en sentido contrario.

Kirtan कीर्_तनः **Mantra cantado**

La práctica del kirtan consiste en cantar mantras acompañados de música o a capella. El kirtan suele practicarse en grupo, aunque también puede hacerse en solitario. La palabra sánscrita kirtan significa «llamar» o «alabar». Al igual que la práctica de japa, este método es más adecuado para estudiantes auditivos, aunque el kirtan tiende a ser más dinámico que el japa, ya que es una práctica basada en la música. En esta práctica, la música tiene una hermosa forma de llevarnos de vuelta al mantra, o, como dice Krishna Das, «La medicina del Nombre [el mantra] está escondida en el jarabe de azúcar de la música»[2].

Si se está en grupo, este método consiste en un canto de llamada y respuesta entre el líder del kirtan y el grupo. El líder comienza cantando el mantra (la llamada) y el grupo responde cantando el mantra (la respuesta). El ancla de tu atención en este método alterna entre escuchar el mantra (cantado por el líder) y luego cantarlo tú mismo. Al principio, puede resultar bastante extraño cantar mantras con un grupo de desconocidos, pero esta práctica en grupo tiene unas ventajas increíbles. Piensa en el último concierto al que fuiste y en lo que sentiste al cantar tu canción favorita junto con el resto del público; hay un gran poder en la acción colectiva, especialmente cuando se dirige a una fuerza tan positiva como los mantras. A menudo, los kirtans de grupo se llenan de energía, inspirando a algunos practicantes a danzar extáticamente, mientras otros experimentan una profundidad de paz y calma que de otro modo sería inaccesible. La práctica del kirttan también puede hacerse en solitario, cantando junto a grabaciones de cánticos o, para los que tengan inclinaciones musicales, cantando por su cuenta mientras se tocan distintos instrumentos.

---

[2]   http://krishnadas.com/lyrics/baba-hanuman/.

Muchas melodías de mantras tradicionales se han cantado durante miles de años como parte de esta práctica. En la cultura hindú moderna hay cantantes y músicos que cantan evocadoras interpretaciones de mantras populares, como inolvidables canciones de amor. En la cultura hindú el canto del kirtan está impregnado de la mitología del panteón hindú, que tiene una sensibilidad muy romántica como llamada a la Divinidad, desde un lugar de profundo anhelo, de conectar con algo mucho más grande que nosotros mismos. Se dice que los practicantes del kirtan entran en estados de *samadhi* (iluminación) simplemente cantando mantras de todo corazón.

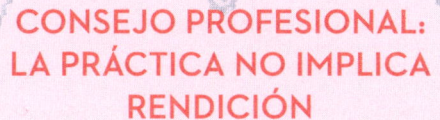

CONSEJO PROFESIONAL: LA PRÁCTICA NO IMPLICA RENDICIÓN

El kirtan no es una actuación, sino una práctica. Aunque parece similar a una actuación musical, el foco no está en cómo sonamos, sino en cómo prestamos atención al mantra. Los mantras son un vehículo para prestar atención de forma diferente. Aparte de aprender la pronunciación correcta de un mantra, tampoco se trata de sonar de manera determinada, por lo que debes permitirte cantar los mantras de todo corazón, sin preocuparte por cómo suenas.

Likhita Japa लिखित जप: Mantra escrito

Likhita Japa es el método de dibujar o escribir mantras en sánscrito. Esta forma de práctica es una manera de fijar tu mente en un mantra a través del acto de escribir, dibujar, trazar o colorear el mantra en las letras sánscritas originales. Funciona mejor para estudiantes visuales y estudiantes de lectura/escritura. El ancla de este método es la letra sánscrita del mantra presente en la página. Esta forma escrita de las letras se convierte en el punto focal al que debes volver cada vez que tu mente se distrae durante la práctica. Este método de práctica del mantra no es tan conocido como hablar o cantar; sin embargo, puede ser igual de poderoso. Muchos santos y yoguis indios dejaron, tras su muerte, diarios llenos de un solo mantra, escrito miles de veces.

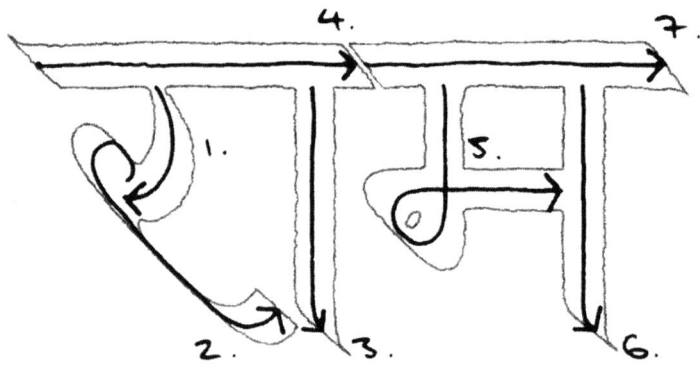

El alfabeto sánscrito es un sistema muy específico para trazar letras que incluye un orden exacto para cada trazo de cada letra. En la descarga que acompaña a la práctica de este libro, encontrarás una guía de escritura para cada mantra incluido en el libro, así como una versión del mantra para trazar y colorear. Esta práctica también puede realizarse en grupo, organizando fiestas artísticas para dibujar o colorear temas específicos de los mantras. Este método se traduce fácilmente en periodos de práctica menos formales, si te gusta dibujar mantras mientras escuchas música o te relajas en el trayecto al trabajo.

Consulta Recursos (pág. 120) para descargar el complemento de práctica para cada mantra de este libro.

CONCLUSIÓN

Estos tres métodos básicos de mantras son las formas tradicionales más comunes de llevar a cabo la práctica de mantras, pero hay muchas formas adicionales de trabajar con mantras, como la práctica caminando, o una práctica basada en la respiración. Todas ellas se consideran «prácticas formales». La práctica formal es un espacio para alejarse del flujo habitual de nuestras vidas y experimentar con estos métodos de forma deliberada y enfocada. Esto significa realizar la práctica sin hacer simultáneamente otras ocho cosas. Recomiendo crear un espacio en casa dedicado exclusivamente a la práctica del mantra, donde no haya interrupciones ni distracciones. En ese espacio puedes reducir tu ritmo lo suficiente como para observar tu mente y probar nuevas formas de estar contigo mismo. Independientemente del método de mantra central que utilices, este es el espacio en el que aprenderás las habilidades esenciales para dejar ir y empezar de nuevo. Y una vez que adquieras cierta confianza en estos métodos, encontrarás muchas formas de integrar la práctica del mantra en el resto de tu día de una manera más informal.

Ahora que ya conoces los métodos básicos para la práctica de los mantras, nos adentraremos en los mantras en sí: su significado, mitología y aplicaciones modernas. Exploraremos trece mantras diferentes, para que empieces a trabajar con ellos. Cada uno de estos mantras tiene su propia esencia específica y despierta cualidades y virtudes particulares. Vamos allá.

CONSEJO PROFESIONAL: TÓMATELO CON CALMA

Practica de la forma más fácil posible. Una práctica es un reto intrínseco -estamos aprendiendo nuevas habilidades-, así que no la hagas más difícil de lo necesario. Intenta encontrar la forma de practicar cómodamente, tanto en el sentido físico como emocional. Puedes sentarte en el suelo o en una silla, caminar o tumbarte. Ninguna posición corporal es mejor que otra, así que encuentra la que mejor se adapte a ti.

❧ 5 ❧

MANTRAS PARA LA PAZ

AUM

- ❀ **MANTRA:** Aum
- ❀ **PRONUNCIACIÓN:** ah-OH-mm
- ❀ **BENEFICIOS:** Conexión, tranquilidad
- ❀ **DEIDADES ASOCIADAS:** La trimurti («tres formas») de Brahma, Vishnu y Shiva.
- ❀ **SIGNIFICADO:** El sonido primordial, el sonido del universo, el sonido cósmico.
- ❀ **MITOLOGÍA:** El mantra y símbolo escrito Aum (también escrito Om) es uno de los más sagrados de la tradición hindú. La fecha exacta del origen de este mantra resulta difícil de precisar, pero el registro escrito más antiguo suele situarse en torno a 1700-1100 a. C., ¡lo que lo hace más antiguo que el último mamut lanudo viviente!

En la mitología hindú a Aum se le conoce como el sonido primordial, y está en el centro de uno de los mitos más comunes de la creación. Según el folclore, antes de la existencia del cosmos, antes del espacio o el tiempo, todo lo que existía era la posibilidad de existir. De esa posibilidad surgió una sutil fricción que evolucionó hasta convertirse en un leve zumbido. Este zumbido se convirtió gradualmente en el sonido de Aum y de ese sonido surgió todo el cosmos. Así pues, se cree que el sonido de Aum es el fundamento mismo de la vida, un hilo sagrado que se teje a través del tejido de la vida. Y, al cantar Aum, nos conectamos con el sonido de todo el universo.

Este mantra se divide en cuatro partes, cada una de las cuales representa cualidades y aspectos diferentes:

1. **A:** creación, Brahma, Jagrat (el estado de vigilia)
2. **U:** preservación, Vishnu, Swapna (estado de sueño)
3. **M:** destrucción, Shiva, Sushupti (estado de sueño sin sueños)
4. **Silencio después del sonido:** Turiya (espacio trascendental que lo impregna todo).

El silencio que sigue al sonido de Aum se considera tan importante como el sonido **A-U-M**. Conocido como Turiya, se considera que este silencio es la conciencia pura que subyace a toda forma. También se cree que Turiya trasciende todos los estados de vigilia, sueño y ausencia de sueño. Sintonizar con este silencio puede ser una forma poderosa de experimentar este potencial omnipresente del que normalmente no somos conscientes.

Este mantra es tan fundamental en las prácticas hindúes que a menudo se utiliza para iniciar mantras más largos, como verás en muchos otros mantras de este libro. También se encuentra en otras tradiciones orientales del budismo, el jainismo y el sijismo, y se ha relacionado con muchos significados y mitologías adicionales.

Aplicación

En la práctica, este mantra sirve de vehículo para conectar con toda la vida que nos rodea de forma palpable y directa. Al cantar Aum, con el sonido, hacemos vibrar el cuerpo y el espacio que nos rodea.

Se dice que, si escuchamos de cierta forma, se puede oír el sonido de Aum vibrando a nuestro alrededor; así que, al cantar este mantra, nos unimos al flujo de un sonido que ya está ahí. Al hacerlo, podemos empezar a difuminar los límites que tan a menudo sentimos entre el *yo* y el *no-yo*. El constructo de la separación empieza a relajarse y, en lugar de experimentar las diferencias entre nosotros y ellos, podemos empezar a experimentar lo que todos tenemos en común: que todos estamos hechos del mismo sonido y vibración de Aum.

Este mantra tiene un efecto calmante sobre el cuerpo y la mente, a la vez que energiza el sistema. Un estudio realizado en 1995 exploró los efectos de cantar Aum sobre la función autonómica del cuerpo y reveló que aquellos que cantaban Aum mostraban un aumento en la «alerta mental con reposo fisiológico»[1], en comparación con el grupo de control que trabajó con pensamientos no dirigidos durante el mismo periodo.

---

[1]   Shirley Telles, R. Nagarantha y H. R. Nagendra, "Autonomic Changes During 'OM' Meditation", *Indian Journal of Physiological Pharmacology 39* (1995): 418-420. https://www.ncbi.nlm.nih.gov/pubmed/8582759.

Esto apoya lo que los yoguis han experimentado durante miles de años: que la práctica de Aum aumenta tanto la tranquilidad como el estado de alerta, para promover una tranquila sensación de disposición.

Otra forma estupenda de trabajar con este mantra es dibujar su símbolo o colorearlo. Una de mis primeras prácticas con el mantra fue colorear el símbolo de Aum. Puede ser profundamente relajante dibujar este mantra, o incluso escuchar el sonido de Aum mientras haces otras cosas.

PRÁCTICA CON El MALA: Utilizando un mala, recita el mantra en silencio o en voz alta en rondas de 108.

PRÁCTICA CANTANDO: Utilizando la grabación de kirtan del compañero de práctica, canta un mantra junto con la pista de descarga digital en el estilo de llamada y respuesta.

PRÁCTICA DE ESCUCHA: Sentado o caminando, ábrete a los sonidos que te rodean. Escucha de manera receptivo el sonido de AUM en lo profundo de los sonidos cotidianos que escuchas. Puedes cerrar la práctica sintonizando con el sonido de Aum que existe en tu interior.

PRÁCTICA DE RESPIRACIÓN: Utilizando el ritmo natural de la respiración, repite en silencio Aum, en cada inhalación y exhalación. Esto puede hacerse en cualquier momento, en cualquier lugar y durante cualquier periodo de tiempo.

PRÁCTICA PASEANDO: Caminando a un ritmo natural, recita en silencio (o en voz alta) el mantra Aum a cada paso.

PRÁCTICA DE ESCRITURA + DIBUJO: Escribe el mantra en sánscrito o colorea el interior del mantra en sánscrito.

AUM SHANTI

- ❋ **MANTRA:** Aum Shanti
- ❋ **PRONUNCIACIÓN:** ah-OH-mm SHAN-tee
- ❋ **BENEFICIOS:** Paz mental, tranquilidad de corazón, serenidad, tranquilidad
- ❋ **DEIDAD ASOCIADA:** Ninguna
- ❋ **SIGNIFICADO:** Paz Aum
- ❋ **MITOLOGÍA:** En sánscrito, la palabra *shanti* significa «paz», «calma», «tranquilidad» o «armonía». En los textos yóguicos tradicionales, la paz se considera uno de los mayores beneficios de la meditación regular o de la práctica del yoga. Sin embargo, trabajar con el mantra Aum Shanti invoca específica y directamente una cualidad encarnada de paz. Aum Shanti se describe a menudo como la ausencia de discordia o desarmonía, especialmente ante los desafíos. El mantra Aum Shanti llama de manera profunda a estar en la paz con todos los seres sensibles en todas partes -todo el cosmos-, despertando el derecho divino de cada ser a vivir con tranquilidad de corazón.

Aplicación

Aum Shanti invoca una cualidad de paz y calma interior que se traduce en armonía y tranquilidad exterior. La palabra *paz* se utiliza a menudo en la cultura occidental para referirse a un estado cuyo alcance depende de factores externos. Mientras las cosas sean precisamente como queremos que sean, podemos estar tranquilos y felices. Sin embargo, esto hace que la paz sea un estado muy difícil y fugaz de alcanzar, lo que es parte de la razón por la que se ha convertido en una experiencia tan infravalorada en nuestra cultura. La belleza de trabajar con este mantra es que infunde al practicante una profunda cualidad de paz a la que no depende de factores externos para acceder. Cuando utilizamos el mantra *Aum Shanti*, una serena cualidad de tranquilidad se abre desde nuestro interior, irradiándose a todos los aspectos de nuestra vida.

La paz tiene a veces una connotación negativa, ya que suele ir asociada a cierto desapego. No es raro ver la imagen del hippie que está totalmente en paz con el mundo a través de una profunda desconexión y delirio. Este es el desafortunado atajo que muchos toman, en un intento de alcanzar un lugar de serenidad: pasar por alto cómo nos sentimos en realidad y fingir que todo va bien. Caminar por la senda de la paz no significa que finjamos que las cosas están bien cuando no lo están y, definitivamente, no significa que no sintamos las cosas cuando las sentimos. En lugar de eso buscamos una sensación de calma más profunda, encarnada, que el mantra evoca en nuestro interior y que sostiene toda nuestra experiencia. Esta cualidad puede sernos difícil de entender con nuestra mente, especialmente cuando nos enfrentamos a los muchos retos y complejidades de la vida, pero este mantra abre un espacio interno en nosotros, donde podemos contener esas contradicciones y también estar en paz.

Esta cualidad de paz puede ser la base desde la que podemos actuar y comprometernos plenamente con la vida, desde una posición de claridad y calma.

Este mantra se utiliza a menudo para cerrar las clases de yoga o meditación. En tal caso, el mantra se dirige a todos los seres sensibles, incluidos nosotros mismos. Es similar a la práctica de meditación de la bondad amorosa (*metta*), que ofrece buenos deseos a diversos destinatarios. Esta aplicación del mantra Aum Shanti es una técnica muy conectora, ya que nos abre al reconocimiento de que todos los seres desean ser felices y vivir en paz, y que el mundo sería un lugar mucho mejor si todos pudiéramos experimentar ese estado.

❖ **PRÁCTICA CON EL MALA:** Utilizando un mala, recita el mantra en silencio o en voz alta en rondas o ciclos de 108.

❖ **PRÁCTICA CANTANDO:** Utilizando la grabación de kirtan del compañero de práctica, canta el mantra junto con la pista de descarga digital en el estilo de llamada y respuesta.

❖ **PRÁCTICA CON LA RESPIRACIÓN:** Utilizando el ritmo natural de la respiración, repite en silencio el mantra en cada inhalación y exhalación.

❖ **PRÁCTICA PASEANDO:** Caminando a un ritmo natural, recita en silencio (o en voz alta) el mantra mientras caminas.

❖ **PRÁCTICA DE ESCRITURA + DIBUJO:** Siguiendo las instrucciones del compañero de práctica, traza o escribe el mantra en sánscrito, o colorea la versión esbozada del mantra.

लोकाः समस्ताः सुखिनो भवन्तु ॥

LOKAH SAMASTAH SUKHINO BHAVANTU

- ❖ **MANTRA:** Lokah Samastah Sukhino Bhavantu
- ❖ **PRONUNCIACIÓN:** *low-KAAH-ha sa-muh-STAH-ha-soo-khee-NO bhah-van-TOO*
- ❖ **BENEFICIOS:** Paz mundial
- ❖ **DEIDAD ASOCIADA:** ninguna
- ❖ **SIGNIFICADO:** Que todos los seres del mundo sean felices y pacíficos.
- ❖ **MITOLOGÍA:** Este mantra está tomado de la línea final del *Mangala Mantra*, que se encuentra en el texto yóguico más antiguo de la cultura indoiraní, el *Rig Veda*, datado aproximadamente entre 1700 y 1100 a. C. Se dice que hay yoguis en las profundidades de las montañas del Himalaya cuyo único propósito en la vida es rezar por la paz del mundo. Se sientan a meditar día y noche, recitando mantras como este, por la liberación de nuestro mundo del sufrimiento y la ignorancia.

Este mantra está dedicado a la manifestación de la felicidad, la alegría y la liberación del sufrimiento en todo el mundo. A menudo se utiliza como oración de cierre al final de un periodo de práctica, del mismo modo que se utiliza Aum Shanti para cerrar una sesión. La diferencia entre este mantra y Aum Shanti es que este mantra se centra en invocar la paz *para todos los seres del mundo*, mientras que Aum Shanti es una invocación a la paz menos específica, que puede dirigirse a cualquier destinatario que elijas.

Aplicación

Siendo algo inherente a cualquier sesión de práctica formal, ya sea un mantra, una meditación o una práctica de yoga, este es un momento para que bajemos la guardia y nos abramos. Podemos ser nosotros mismos sin sentirnos obligados a impresionar a nadie, y simplemente relajarnos en nuestro ser. La práctica del mantra se basa en esto, al abrir aún más el corazón y calmar la mente. Sin embargo, pasar de este espacio abierto a la transición de vuelta al mundo real cuando terminamos nuestra práctica no siempre es fácil.

El mantra Lokah puede ser una herramienta útil para facilitar esta transición, cuando se utiliza al final de un periodo de práctica formal. Al dedicar incluso unos minutos a este mantra al final de cualquier sesión de práctica, el enfoque de la práctica cambia para incluir a los demás. Al hacerlo, sentamos las bases para interactuar con los demás con la misma ternura de corazón que estamos cultivando en nuestra práctica.

Este mantra también puede ser un poderoso antídoto para los momentos en que nos sentimos abrumados por el sufrimiento del mundo y no sabemos qué hacer al respecto. El mantra Lokah nos reconecta y nos conecta a nuestro deseo innato de paz y armonía a nuestro alrededor.

A primera vista, puede parecer que esto nos hace menos comprometidos con el mundo; sin embargo, su efecto es todo lo contrario. Practicar este mantra infunde al practicante, con el tiempo, una cualidad de conexión que alimenta una mayor compasión y cuidado en la acción. Esto no significa necesariamente renunciar a nuestro trabajo diario para unirnos a los Cuerpos de Paz, pero sí desarrolla en nosotros una calidad de vida informada por una conexión profunda y el cuidado de todos, convirtiéndose en la base desde la que se toman todas nuestras decisiones.

❖ **PRÁCTICA CON EL MALA:** Utilizando un mala, recita el mantra en silencio o en voz alta en rondas de 108.

❖ **PRÁCTICA CANTANDO:** Utilizando la grabación de kirtan del compañero de práctica, canta el mantra junto con la pista de descarga digital en el estilo de llamada y respuesta.

❖ **PRÁCTICA PASEANDO:** Caminando a un ritmo natural, recita en silencio (o en voz alta) el mantra mientras caminas.

❖ **PRÁCTICA DE ESCRITURA + DIBUJO:** Siguiendo las instrucciones del compañero de práctica, traza o escribe el mantra en sánscrito, o colorea la versión esbozada del mantra.

✤ 6 ✤

MANTRAS PARA LA CURACIÓN

BIJA MANTRAS

- ❖ **MANTRA:** Lam, Vam, Ram, Yam, Ham, Aum
- ❖ **PRONUNCIACIÓN:** *lumm, vumm, rumm, yumm, humm, ah-OH-mm*
- ❖ **BENEFICIOS:** Equilibra y energiza el cuerpo físico, emocional y energético
- ❖ **CHAKRA ASOCIADO:**

  Lam: *Muladhara chakra* (chakra raíz)

  Vam: *Svadhisthana chakra* (chakra sacro)

  Carnero: *Manipura chakra* (chakra del plexo solar*)*

  Yam: *Anahata chakra* (chakra del corazón)

  Carnero: *Manipura chakra* (chakra del plexo solar*)*

  Yam: *Anahata chakra* (chakra del corazón)

  Jamón: *Vishuddha chakra* (chakra de la garganta)

  Aum: *Ajna chakra* (chakra del tercer ojo)

  Aum: *Sahasrara chakra* (chakra de la coronilla)

- ❖ **SIGNIFICADO:** Mantras semillas.
- ❖ **MITOLOGÍA:** La palabra *bija* en sánscrito significa semilla. Los mantras bija son sonidos de una sola sílaba que activan y equilibran centros energéticos específicos del cuerpo, conocidos como *chakras*. La palabra sánscrita *chakra* suele traducirse como «rueda» o «disco», y se representa visualmente como una rueda con radios. Hay siete chakras principales

en el cuerpo (así como numerosos chakras menores), que comienzan en la base de la columna vertebral y ascienden hasta la coronilla. Cada chakra mayor rige sistemas anatómicos específicos del cuerpo, energías sutiles, así como características y emociones relacionadas. Cada bija mantra está asociado a uno de estos siete chakras principales. Los mantras bija se han utilizado durante miles de años en los sistemas clásicos de yoga y otras tradiciones orientales como medio para sanar los cuerpos físico, emocional y sutil. El canto de cada mantra equilibra y energiza cada chakra individual y, a su vez, el cuerpo en su conjunto. El sonido vibracional del propio mantra semilla estimula cada chakra para reorientarlo y devolverlo a un estado de equilibrio.

Aplicación

Al cantar el mantra bija para cada chakra asociado, el practicante despierta y purifica ese centro de energía, aumentando la vitalidad, el equilibrio y la salud en general. Es una maravillosa práctica diaria a la hora de restablecer el sistema. O, si descubres que tienes un problema específico en una zona del cuerpo o en un aspecto de tu vida, puedes adaptar esta práctica a esa zona concreta. Puedes aprender más sobre los comportamientos, emociones y patrones de pensamiento relacionados que rige cada chakra en *El pequeño libro de los Chakras*[1] de esta serie. Hay otros mantras bija para deidades particulares y prácticas de sanación si te sientes atraído por este tipo particular de práctica de mantras.

---

[1]   Mercree, Amy Leigh, *A Little Bit of Chakras* traducido al español (Madrid, Edaf, 2024).

Corona

Frente

Garganta

Corazón

Solar

Sacro

Raíz

Práctica del Mantra Bija

Empezando en la base de la columna vertebral, lleva tu atención al primer chakra. Con toda tu conciencia concentrada en ese punto del cuerpo, canta el mantra Lam siete veces, dirigiendo el mantra hacia esa región del cuerpo. Repite dos series más de siete, para un total de tres rondas de Lam.

A continuación, lleva tu atención al bajo vientre, cerca de la columna vertebral. Con toda tu conciencia concentrada en la parte inferior del abdomen, canta el mantra Vam siete veces, dirigiendo el mantra hacia esta región del cuerpo. Repite dos series más de siete, para un total de tres rondas de Vam.

A continuación, lleva tu atención a la zona del plexo solar, cerca de la columna vertebral. Con toda tu conciencia reunida en el plexo solar, canta el mantra Ram siete veces, dirigiendo el mantra hacia esta región del cuerpo. Repite dos series más de siete, para un total de tres rondas de Ram.

A continuación, lleva tu atención al centro del pecho. Con toda tu conciencia concentrada en el pecho, canta el mantra Yam siete veces, dirigiendo el mantra hacia esta región del cuerpo. Repite dos series más de siete, para un total de tres rondas de Yam.

A continuación, lleva tu atención a la zona de la garganta. Con toda tu conciencia concentrada en la garganta, canta el mantra Ham siete veces, dirigiendo el mantra hacia esta región del cuerpo. Repite dos series más de siete, para un total de tres rondas de Ham.

A continuación, lleva tu atención al espacio situado detrás de la frente, en el centro del cerebro. Con toda tu conciencia reunida en el espacio detrás de la frente, canta el mantra Aum siete veces, dirigiendo el mantra hacia esta región del cuerpo. Repite dos series más de siete, para un total de tres rondas de Aum.

Ahora lleva tu atención a la parte superior de la cabeza. Con toda tu conciencia reunida en la zona de la coronilla, canta el mantra Aum una vez, alto y largo, dirigiendo el mantra hacia esta región del cuerpo. Repite dos series individuales más, para un total de tres rondas de Aum.

Esta práctica también puede realizarse repitiendo los mantras en silencio.

SOHAM

- ❀ **MANTRA:** Soham
- ❀ **PRONUNCIACIÓN:** *so–HUM*
- ❀ **BENEFICIOS:** Expansión y conexión
- ❀ **DEIDAD ASOCIADA:** Ninguna
- ❀ **SIGNIFICADO:** Yo soy eso, yo soy lo divino
- ❀ **MITOLOGÍA:** Este mantra se encuentra en varios textos yóguicos, incluido uno de los principales textos védicos, los *Mukhya Upanishads*. *Soham* significa «Yo soy eso», que tradicionalmente se piensa que significa «Yo soy lo divino». Es como reconocer que la misma chispa de creación divina impregna nuestro propio ser, al igual que el resto del universo. En lugar de identificarnos únicamente con nosotros mismos como un cuerpo físico limitado, ampliamos nuestro sentido del yo para identificarnos como algo más infinito: un yo cósmico, la «realidad última»[2]. Esto convierte a este mantra en una práctica extremadamente conectiva y expansiva.

---

2   Patrick Olivelle, *Samnyasa Upanisads: Hindu Scriptures on Asceticism and Renunciation* (Nueva York, Oxford University Press, 1992), pp. 210.

Este mantra también se encuentra en la forma relacionada: *Hamsa*. Esta variación del mantra se traduce como «eso que yo soy», lo que da un matiz ligeramente distinto al significado de «yo soy eso». Soham tiene la sensación energética de moverse desde uno mismo para expandirse y conectarse con todo, mientras que Hamsa es el reverso de ese movimiento energético, en lugar de atraer todo a nuestro ser individual desde aquello con está a nuestro alrededor.

En la práctica, este mantra se suele relacionar con la inhalación y la exhalación de la respiración. Tradicionalmente se cree que se puede escuchar el sonido de este mantra, de manera inherente, dentro de la respiración natural. El sonido de *so* está conectado a la inhalación y el *ham* a la exhalación. Esto se puede hacer con un recuento controlado y medido de la respiración o, simplemente, siguiendo, con la recitación interna del mantra, el ciclo natural de la respiración mientras se está concentrado en la inhalación y la exhalación.

Aplicación

La vibración de este mantra gira en torno a la conexión y la expansión. Hace muchos años recitaba este mantra mientras caminaba por las calles de Nueva York, respirando la ciudad con todo mi ser. Me resultaba especialmente poderoso cuando me sentía sola, aislada o desconectada. Este mantra cambia la perspectiva, llevándola desde un sentido limitado de uno mismo a una perspectiva más amplia, que te induce a sentir que realmente formas parte de algo. Este mantra nos recuerda que todos estamos imbricados en el mismo tejido de la vida y que formamos parte de algo más grande que nosotros mismos.

La inhalación de *so* es como entrar en el gran sentido del yo, la chispa cósmica que hace vibrar nuestro ser, nuestra chispa esencial. La exhalación de *ham* es como soltar para conectar este sentimiento con esa misma chispa en todos los seres en todas partes, en todo el cosmos. El ritmo del Soham es como la inhalación y la exhalación cósmicas que siempre fluyen y refluyen bajo nosotros, y repetir el mantra es una forma de conectar con esta sensibilidad.

❀ **PRÁCTICA CON EL MALA:** Utilizando un mala, recita el mantra en silencio o en voz alta en rondas de 108.

❀ **PRÁCTICA CANTANDO:** Utilizando la grabación de kirtan del compañero de práctica, canta el mantra junto con la pista de descarga digital en el estilo de llamada y respuesta.

❀ **PRÁCTICA CON LA RESPIRACIÓN:** Utilizando el ritmo natural de la respiración, repite en silencio so durante la inhalación y ham durante la exhalación.

❀ **PRÁCTICA PASEANDO:** Caminando a un ritmo natural, recita en silencio (o en voz alta) el mantra mientras caminas.

❀ **PRÁCTICA DE ESCRITURA + DIBUJO:** Siguiendo las instrucciones del compañero de práctica, traza o escribe el mantra en sánscrito, o colorea la versión esbozada del mantra.

❖7❖

MANTRAS PARA LA CLARIDAD

ॐ भूर्भुवः स्वः ।

तत्सवितुर्वरेण्यं

भर्गो देवस्य धीमहि ।

धियो यो नः प्रचोदयात् ॥

GAYATRI MANTRA

- ❖ **MANTRA:** Gayatri Mantra

  Aum Bhuur-Bhuvah Svah

  Tat-Savitur-Varennyam, Bhargo Devasya Dhiimahi

  Dhiyo Yo Nah Pracodayaat

- ❖ **PRONUNCIACIÓN:** *AH-OH-MM BHOOR BHU-WAH SWA-HA, TAT SAVI-tur va RENI-yam, bhar-GO DEVA-sya DHEEM-a-hi, dhiYO YO nuh pra-CHO-day-AT*

- ❖ **BENEFICIOS:** Expansión y conexión

- ❖ **DEIDADES ASOCIADAS:** La diosa Gayatri y Savitr, el dios del Sol.

- ❖ **SIGNIFICADO:** Aum, Meditemos en la gloria de la luz del Sol y que esta ilumine nuestras mentes.

- ❖ **MITOLOGÍA:** El primer registro escrito del Gayatri Mantra procede de uno de los primeros textos indoiranios, el *Rig Veda*, datado aproximadamente entre 1700 y 1100 a. C. También se menciona este mantra en varios otros textos hindúes importantes, como los *Upanishads* y el *Bhagavad Gita*. Además, se menciona este mantra en otros textos hindúes importantes, como los *Upanishads* y el *Bhagavad Gita*. La palabra sánscrita *gayatri* hace referencia al metro, compuesto por veinticuatro sílabas, que constituye este mantra, conocido como *metro gayatri*.

La personificación del mantra gayatri es la diosa Gayatri, considerada la madre de los Vedas, los textos y escrituras hindúes más antiguos. Gayatri es una forma de Saraswati, que fue la esposa de Brahma. Gayatri también se considera la forma femenina de la luz del sol, Savitr. Encarnación de la luz, la sabiduría y la iluminación, es la patrona de artistas, músicos y poetas, así como la diosa del aprendizaje. Se la representa con cinco rostros y diez ojos, que miran en ocho direcciones más la dirección de la tierra y el cielo. Tiene diez manos que sostienen diversos tipos de armas, atribuidas a Brahma, Vishnu y Shiva. Uno de sus principales poderes es eliminar los obstáculos y aportar iluminación y claridad.

Aplicación

Este mantra es una invocación, una contemplación y una celebración de la luz divina del sol en muchas formas. La primera forma es la luz del sol físico que mantiene vivo nuestro planeta, cultivando los alimentos que comemos y nutriendo nuestros cuerpos. Al entonar este mantra, ofrecemos nuestra alabanza y gratitud al sol y, cuando lo hacemos, nos abrimos a una sensibilidad de gratitud por las muchas formas en que recibimos apoyo en nuestra vida. La segunda forma de luz a la que se refiere este mantra es la luz interior que anima todas las cosas. Algunos la llaman la luz del alma, otros la luz de Dios y otros la llaman la luz divina. Al cantar el Gayatri Mantra, invocamos esta luz interior para que ilumine y despierte nuestra conciencia. En los textos hindúes tradicionales se dice que la iluminación surge al cantar este mantra purificando la mente, que es una forma de describir estados profundos de comprensión, claridad y resplandor de la mente.

El Gayatri Mantra nos ayuda a liberar y calmar la ansiedad, abriéndonos a un estado mental más expansivo y creativo. Esta iluminación y la consiguiente claridad mental también están relacionadas con la acción correcta en nuestras vidas. La palabra sánscrita para acción, *dharma*, se considera un camino de acción hábil. Por lo tanto, el beneficio adicional de este mantra es la iluminación que conduce a la acción hábil. Este puede ser un mantra maravilloso para practicar si tienes dificultades para tomar una decisión importante o no estás seguro de qué curso de acción tomar.

- ❧ **PRÁCTICA CON EL MALA:** Utilizando un mala, recita el mantra en silencio o en voz alta en rondas de 108.

- ❧ **PRÁCTICA CANTANDO:** Utilizando la grabación de kirtan del compañero de práctica, canta el mantra junto con la pista de descarga digital en el estilo de llamada y respuesta.

- ❧ **PRÁCTICA PASEANDO:** Caminando a un ritmo natural, recita en silencio (o en voz alta) el mantra mientras caminas.

- ❧ **PRÁCTICA DE ESCRITURA + DIBUJO:** Siguiendo las instrucciones del compañero de práctica, traza o escribe el mantra en sánscrito, o colorea la versión esbozada del mantra.

AUM ASATO MA SADGAMAYA

❀ **MANTRA:** Aum Asato Ma Sadgamaya

Tamaso Ma Jyotir-Gamaya

Mrtyor-Ma Amrtam Gamaya

Aum Shanti Shanti Shanti

❀ **PRONUNCIACIÓN:** *ah–OH–mm AAH-sah-tow–MAA SAD g*

ah-mah-yah, TAH-mah-so MAH joe-TEER GAH-MAH-yah,

mrit-your-MAH amriT-AHM gah-mah-YAH, ah-OH-mm

SHAN-tee SHAN-tee SHANT-tee

❀ **BENEFICIOS:** Paz a través de una visión clara

❀ **DEIDAD ASOCIADA:** Ninguna

❀ **SIGNIFICADO:** Aum, condúceme de lo irreal a lo real, condúceme de la oscuridad a la luz, condúceme de la muerte a la inmortalidad, Aum paz paz paz.

❀ **MITOLOGÍA:** Este mantra forma parte de un grupo más amplio de mantras, conocidos conjuntamente como los *shanti mantras*. Se encuentran en los textos hindúes, los *Upanishads*. Según la tradición hindú, los shanti mantras, o mantras de la paz, son una colección de mantras que cultivan la tranquilidad en tres ámbitos de dolor o miseria. El primer ámbito se refiere al dolor causado por otros seres, como otras personas o animales. El segundo tiene que ver con el dolor causado por el destino, como las catástrofes naturales. El tercero alude al dolor causado por nuestros propios cuerpos y mentes, como pueden ser a través de la enfermedad o la ansiedad. Los mantras shanti se utilizan para contrarrestar el dolor en estos tres ámbitos de sufrimiento.

Este mantra en concreto se centra en la transformación de nuestra propia percepción como camino hacia la paz. Es ligeramente diferente de la mayoría de los mantras, que suelen centrarse en una cualidad concreta, como la compasión o el valor. La primera línea de este mantra, *Asato Ma Satgamaya*, que se traduce como «Llévame de lo irreal a lo real», es una referencia a uno de los fundamentos del pensamiento hindú: que todos los seres humanos contienen en su interior una chispa eterna y divina, y que eso es lo que realmente somos. Muchos de los linajes de la filosofía hindú son distintos caminos que apuntan a este objetivo singular de darnos cuenta de que no somos solo un cuerpo o una mente, sino también el hogar de un alma infinita.

Este mantra nos pide que obremos un cambio en nuestra percepción para identificarnos con la parte más profunda de nosotros mismos, que es eterna y divina (lo llamado «real»), en lugar del sentido limitado de que solo somos un cuerpo o una mente (lo «irreal»). Este cambio de percepción suele denominarse «realización del verdadero yo» en las tradiciones orientales, o «autorrealización». En esta filosofía, cuando nos identificamos correctamente con el alma, muchas de las causas profundas del sufrimiento desaparecen, y moraremos en un lugar profundo de conexión y sabiduría.

Las líneas siguientes aclaran aún más este concepto: «Guíame de las tinieblas a la luz, guíame de la muerte a la inmortalidad». Aquí la palabra *oscuridad* implica ignorancia, duda o falta de conocimiento, y la palabra *luz* se refiere a la sabiduría y la verdad. La tercera línea, sobre la muerte y la inmortalidad, se refiere, de nuevo, a cambiar nuestra identificación con el alma, que en la cultura hindú se cree que sigue existiendo después de la muerte, reencarnándose finalmente en muchas vidas a lo largo del tiempo.

Aplicación

En la práctica, este mantra es un maravilloso catalizador para la transformación, ya que te ayuda a obtener una profunda claridad en la vida cotidiana. Al repetirlo, puedes salir de las aguas turbias de la confusión y alcanzar el poder luminoso de la claridad. Es como limpiar el parabrisas de tu vida, para acceder a una visión más clara de lo que realmente está sucediendo. A partir de ahí podemos tomar las medidas adecuadas con mayor precisión, porque no estamos atascados en nuestra propia versión de lo que creemos que está ocurriendo, sino que podemos ver lo que realmente está ocurriendo.

Ser capaz de tener este tipo de claridad puede suponer un gran cambio a la hora de navegar por la vida con mayor destreza, menos miedo y menos ansiedad. Por ejemplo, si estás en una reunión con tu jefa y se muestra brusca contigo, seguro que has hecho algo mal. Sin embargo, al pasar conscientemente de lo irreal a lo real y despejar el parabrisas de tus miedos o inseguridades, puedes volver a observar y ver con mayor claridad. Tal vez haya estado despierta toda la noche cuidando a un niño enfermo y, sencillamente, tenga un mal día que no tiene nada que ver contigo. Con esta visión clara, puedes ofrecerle un poco más de apoyo en lugar de responder a la defensiva y agravar la situación. Puedes aplicar este mantra para hacer una pausa cuando las cosas en la vida estén turbias, repite el mantra durante unos minutos y luego echa otro vistazo a tu vida desde la perspectiva de estas preguntas: «¿Qué es lo realmente cierto aquí? ¿Estoy viendo con claridad?»

Este enfoque también puede aplicarse de forma más amplia en tu vida, especialmente como herramienta eficaz y sistema de apoyo para cambiar patrones más amplios. Por ejemplo, si has estado atrapado en un patrón de relaciones tóxicas, puedes trabajar con este mantra como medio para obtener claridad sobre cómo y por qué estás repitiendo este ciclo en tu vida. Puedes trabajar con el mantra durante un periodo de tiempo, como una semana o un mes, dirigiéndolo a los elementos específicos de estas relaciones en el pasado y en el presente. Poco a poco, el mantra va abriendo tu comprensión de esas situaciones, dándote una visión más honesta de todas las sutiles dinámicas en juego y ofreciéndote clarificación. Este mantra te lleva de la oscuridad a la luz y, al hacerlo, te conduce a una mayor paz mental y tranquilidad en la vida.

❀ **PRÁCTICA CON EL MALA:** Utilizando un mala, recita el mantra en silencio o en voz alta en rondas de 108.

❀ **PRÁCTICA CANTANDO:** Utilizando la grabación de kirtan del compañero de práctica, canta el mantra junto con la pista de descarga digital en el estilo de llamada y respuesta.

❀ **PRÁCTICA PASEANDO:** Caminando a un ritmo natural, recita en silencio (o en voz alta) el mantra mientras caminas.

❀ **PRÁCTICA DE ESCRITURA + DIBUJO:** Siguiendo las instrucciones del compañero de práctica, traza o escribe el mantra en sánscrito, o colorea la versión esbozada del mantra.

❧ 8 ❧

MANTRAS PARA LA FUERZA

हरे कृष्ण हरे कृष्ण
कृष्ण कृष्ण हरे हरे
हरे राम हरे राम
राम राम हरे हरे

MAHA MANTRA

- ❀ **MANTRA:** Hare Krishna Hare Krisha Krishna Krishna Hare Hare Ram
  Hare Ram Ram Hare Hare

- ❀ **PRONUNCIACIÓN:** *HA-re KRISH-nuh HA-re KRISH-nuh KRISH-nuh*
  KRISH-nuh HA-re HA-re

  HA-re RAAM HA-re RAAM RAAM RAAM HA-re HA-re

- ❀ **BENEFICIOS:** Conciencia trascendental, autorrealización

- ❀ **DEIDAD ASOCIADA:** Vishnu, en la forma de Krishna, y Radha

- ❀ **SIGNIFICADO:** Gran mantra

- ❀ **MITOLOGÍA:** La palabra sánscrita *maha* significa literalmente «grande»,
  por lo que el nombre de este mantra se traduce como «gran mantra».
  Muchos lo consideran el mantra sánscrito más potente de todos. El
  mantra Maha comprende tres nombres sánscritos diferentes -*Hare,
  Krishna* y *Ram*- dispuestos en un orden y repetición específicos. El
  primer nombre sánscrito, *Hare*, suele traducirse como Hara, que es una

variante de la deidad hindú Radha. Radha, encarnación de la divinidad femenina y consorte de Krishna, también simboliza el alma. El segundo nombre sánscrito del mantra, Krishna, es una de las principales deidades hindúes, y una forma y avatar de Visnú. El tercer nombre sánscrito, Ram, es otra de las deidades principales del panteón hindú y también es un avatar de Visnú.

Según la mitología hindú, Vishnu es una de las tres deidades principales que juntas forman la *trimurti*, o «tres formas», de la función cósmica: creación, preservación y destrucción. Brahma, la primera de estas tres, es conocido como el creador; Vishnu, la segunda deidad, es el sustentador encargado de la preservación; y Shiva, la tercera deidad, es el destructor. Vishnu, como parte del papel que juega en esta trinidad divina, se ha encarnado en la Tierra en nueve avatares diferentes en tiempos de necesidad, para restaurar y preservar el equilibrio de la luz y la oscuridad en el mundo. La más conocida de estas encarnaciones es la de Rama en la historia de *El Ramayana*, y también lo es su encarnación como Krishna en el relato épico *El Mahabharata*, y en el *Bhagavad Gita*. En este contexto, el maha mantra se considera una invocación (o celebración) de estas formas de la deidad Vishnu. En otros linajes de la mitología hindú, el maha mantra se considera una celebración de la unión y el amor entre Vishnu (en la forma de Krishna) y su divina consorte, Radha.

De todos los mantras sánscritos, el Maha Mantra es el que más atención ha suscitado en la cultura pop, a menudo asociado con la organización Hare Krishna[1] , así como en canciones de los Beatleshttps://en.wikipedia.org/

---

[1]   http://www.iskcon.org/.

wiki/My_Sweet_Lord.[2], Tenacious D[3], Alice Coltrane[4], Boy George[5], y Allen Ginsberg[6] en los años sesenta, y más recientemente en la serie de televisión *Mad Men*[7].

«De todos los mantras, el Maha Mantra ha sido prescrito como el camino más fácil y seguro para alcanzar la Realización de Dios en esta era presente».

-GEORGE HARRISON[8]

Aplicación

Maha Mantra es un potente mantra que tiene la capacidad de cambiar la energía en el cuerpo y la mente. Transmuta los estados emocionales más densos en otros más ligeros. Los antiguos textos yóguicos dicen que la práctica de cantar o recitar el nombre de Hare es un camino para realizar el verdadero ser.

Uno de los lugares donde experimenté por primera vez la potente energía del Maha Mantra fue durante un viaje de un mes que hice al norte de la India en 2011. Allí, en Rishikesh, enclavado en las colinas del Himalaya, se encuentra el Sivandana Ashram. A lo largo de los años Krishna Das me había contado muchas historias sobre una sala del ashram. En 1943, esta sala en particular fue consagrada con el único propósito de cantar el Maha Mantra para lograr la paz mundial[9]. En los más de setenta años transcurridos desde entonces, el Maha

---

[2]   https://en.wikipedia.org/wiki/My_Sweet_Lord.

[3]   https://www.youtube.com/watch?v=AQgbYOj4enM.

[4]   https://www.allmusic.com/song/hare-krishna-mt0000088669.

[5]   https://en.wikipedia.org/wiki/Jesus_Loves_You_(banda).

[6]   https://www.youtube.com/watch?v=eV5I09j49v8.

[7]   https://www.youtube.com/watch?v=eygszIuBedQ.

[8]   «Un mantra es energía mística...». George Harrison, I, Me and Mine (San Francisco: Chronicle Books, 2002).

[9]   http://astrologer-astrology.com/ashrams_in_rishikesh.xhtml.

Mantra se ha recitado continuamente en la sala durante veinticuatro horas al día, siete días a la semana, cuatro horas al día, siete días a la semana, sin pausa.

La gente viene de toda la India para vivir los últimos meses de su vida cantando el Maha Mantra, en turnos de una hora, como último servicio al mundo antes de morir. Es un poco difícil describir la sensación que se tiene al entrar en esta sala, pero es como si se entrara en otro mundo. Existe una densidad en el aire, una cualidad palpable que te arrastra a otro espacio donde la mente está tranquila y sin prisas. Solo había otra persona en la sala cuando entré: un anciano que hablaba y cantaba el mantra con una voz chirriante y grave. No era agradable escucharle, ni mucho menos, pero me quedé paralizada, como si me hubiera adentrado en una corriente de conciencia trascendente, que se extendía lejos detrás de mí y lejos delante de mí.

A menudo, cuando recito el Maha Mantra, me imagino que estoy reconectando con esa corriente continua de práctica allá lejos, en el Himalaya, y reconectando también con la conciencia trascendente que el mantra desbloquea.

❀ **PRÁCTICA CON EL MALA:** Utilizando un mala, recita el mantra en silencio o en voz alta en rondas de 108.

❀ **PRÁCTICA CANTANDO:** Utilizando la grabación de kirtan del compañero de práctica, canta el mantra junto con la pista de descarga digital en el estilo de llamada y respuesta.

❀ **PRÁCTICA CON LA RESPIRACIÓN:** Utilizando el ritmo natural de la respiración, repite en silencio el mantra en cada inhalación y exhalación.

❀ **PRÁCTICA PASEANDO:** Caminando a un ritmo natural, recita en silencio (o en voz alta) el mantra mientras caminas.

❀ **PRÁCTICA DE ESCRITURA + DIBUJO:** Siguiendo las instrucciones del compañero de práctica, traza o escribe el mantra en sánscrito, o colorea la versión esbozada del mantra.

RAM

- ❖ **MANTRA:** Ram (también escrito Rama)
- ❖ **PRONUNCIACIÓN:** *RAAM-uh*
- ❖ **BENEFICIOS:** Devoción y coraje
- ❖ **DEIDAD ASOCIADA:** *Rama*
- ❖ **SIGNIFICADO:** Nombre de la deidad hindú Rama
- ❖ **MITOLOGÍA:** Rama es una deidad hindú conocida principalmente como el protagonista heroico de la historia épica *El Ramayana*. La antigua historia del Ramayana es uno de los relatos más populares de la cultura hindú, tan común que los niños crecen viendo versiones animadas de la historia en la televisión. Se atribuye al sabio hindú Valmiki, y fue escrito en forma de poema de 24.000 versos, en algún momento entre los siglos VII y IV a. C.

La historia narra cómo se libra una esforzada batalla entre las fuerzas de la oscuridad y la luz, en la que Rama restablece el equilibrio en el mundo contra un demonio de diez cabezas llamado Ravana. En la historia la esposa de Rama, Sita, es secuestrada por Ravana y mantenida cautiva. Rama busca a Sita por toda la tierra y recurre a la ayuda de un dios mono llamado Hanuman para encontrarla. Hanuman, otra de las deidades hindúes favoritas, ayuda a Rama a encontrar a Sita saltando por encima de un océano y realizando muchas otras extraordinarias hazañas de servicio. Como ocurre con gran parte del folclore tradicional, la historia encierra enseñanzas más profundas, enraizadas en la filosofía hindú. Los temas de la narración están relacionados con el servicio, la ética y el deber como vías hacia la liberación. Rama es un avatar de Vishnu en la historia, que toma forma en la tierra como encarnación de la virtud, la bondad y la devoción a su deber en la vida, su familia y su trabajo. La narración *del Ramayana* desempeña un papel vital en la cultura hindú moderna como piedra angular de los valores hindúes y del modo de vida hindú.

Aplicación

Ram Dass (también conocido como Richard Alpert) popularizó las historias de Rama tras regresar de la India a finales de la década de 1960 y compartir las enseñanzas de su gurú indio, Neem Karoli Baba (más conocido como Maharaj-ji). Maharaj-ji era un devoto de Rama y lo consideraba tanto el camino de la práctica como la meta de la práctica. La única práctica formal que enseñaba consistía en tomar el nombre de Rama repitiendo el mantra Ram. Maharaj-ji dijo: «La mejor forma de adorar a Dios es cualquiera de las formas». Ram Dass continúa explicando: «Todas las personas que conoces son Rama que ha venido a enseñarte algo. Mantra es recordar ese lugar en el corazón: Ram, Ram, Ram. Dilo, pronúncialo, piénsalo, siéntelo en tu corazón. Te encuentras continuamente y te fundes en la perfección»[10]. Esto te da una idea de la profundidad de la conexión que puede forjarse con un mantra, o con una deidad. La repetición del mantra despierta un profundo recuerdo del lugar más profundo que conoces

---

[10]   https://www.ramdass.org/mantras-2/.

en ti mismo, y la práctica de recitar el mantra ofrece un camino para volver a ese lugar una y otra vez.

Una forma interesante de entenderlo es considerar a las distintas deidades hindúes y su mitología asociada como diferentes expresiones de los aspectos internos de nuestro ser. Cuando leo una historia como el *Ramayana*, cada uno de los personajes de la historia representa un aspecto de mí mismo: la parte de mí que busca la verdad, la parte de mí que sabotea la verdad, la parte de mí que es la verdad, etcétera. En mi caso, esta ha sido la aplicación más poderosa de la mitología hindú, sobre todo cuando intento comprender por qué me atraen ciertas historias y deidades. Desde este punto de vista, cuando repetimos el mantra de Rama, invocamos el aspecto de nosotros mismos que es totalmente dedicado y devoto. Despertamos una fuerza dorada en la virtud, la claridad y el coraje, para luchar por la verdad y corregir lo que está mal en el mundo. Rama nos da el poder de permanecer conectados a la verdad, incluso cuando nos sentimos lejos de ella. Nos muestra cómo amar lo que es más importante para nosotros, nutriéndolo para que prospere y crezca plenamente. Otro conocido devoto de Maharaj-ji, Krishna Das, explica maravillosamente lo que se descubre al repetir el mantra de Ram: «Maharaj-ji solía decir siempre: "Ram nam karne se sab pura ho jata". Al repetir estos Nombres, Ram Nam, los Nombres de Dios, todo se llena y se completa. El corazón se llena, tu vida se llena, los karmas se culminan en su totalidad. Es un proceso de maduración»[11].

«Coloca el nombre de Rama como una lámpara enjoyada en la puerta de tus labios y habrá luz, como tú quieras, tanto dentro como fuera».

-El Ramayana, de Tulsidas-

---

[11] https://www.facebook.com/KrishnaDasMusic/posts/maharaj-ji-used-to-always-say-ram-nam-karne-se-sab-pura-ho-jata-from-repeating-t/10155481385221879/.

CONSEJO PROFESIONAL: VARIACIONES SOBRE UN TEMA

Cuando un mantra es el nombre de una deidad,
es común encontrar diferentes variaciones del mantra.
Por ejemplo, algunas variantes comunes de Ram son:

- ❖ *Shri Ram Jai Ram Jai Jai Ram* (victoria a Rama)
- ❖ *Hare Ram* (otro nombre de Rama)
- ❖ *Sita Ram* (Sita es el nombre de la consorte de Rama)
- ❖ *Rama Bolo* (alabar o cantar a Rama)
- ❖ *Raghupati Raghava Raja Ram* (Oh Señor Rama, jefe de los Raghus)
- ❖ *Ramachandra* (Ram tan gentil como la luna)

Cada variación invoca una cualidad distinta
de la deidad.

- ❖ **PRÁCTICA CON EL MALA:** Utilizando un mala, recita el mantra en silencio o en voz alta en rondas de 108.

- ❖ **PRÁCTICA CANTANDO:** Utilizando la grabación de kirtan del compañero de práctica, canta el mantra junto con la pista de descarga digital en el estilo de llamada y respuesta.

- ❖ **PRÁCTICA CON LA RESPIRACIÓN:** Utilizando el ritmo natural de la respiración, repite en silencio el mantra en cada inhalación y exhalación.

- ❖ **PRÁCTICA PASEANDO:** Caminando a un ritmo natural, recita en silencio (o en voz alta) el mantra mientras caminas.

- ❖ **PRÁCTICA DE ESCRITURA + DIBUJO:** Siguiendo las instrucciones del compañero de práctica, traza o escribe el mantra en sánscrito, o colorea la versión esbozada del mantra.

जय जगदम्बे मा दुर्गा

JAYA JAGATAMBE MA DURGA

- ❁ **MANTRA:** Jaya Jagatambe Ma Durga
- ❁ **PRONUNCIACIÓN:** *JAY-uh ju-guh-TUM-bey MAA DUUR-gaa*
- ❁ **BENEFICIOS:** Coraje, valentía, compasión feroz
- ❁ **DEIDAD ASOCIADA:** Durga
- ❁ **SIGNIFICADO:** Victoria de Durga, la madre del mundo
- ❁ **MITOLOGÍA:** La historia del origen de Durga se refiere a una heroica batalla entre el bien y el mal, relatada en el texto hindú *Devi Mahatmya*, que data del 400-600 de nuestra era. Según la historia, el demonio Mahishasura, que cambiaba de forma, obtuvo el don de no poder ser derrotado por ningún hombre, dios o demonio, por lo que aterrorizó libremente la tierra, causando un gran daño a todos. Uno a uno, los dioses intentaron impedir sus maldades, pero todos fueron derrotados. Temían que la oscuridad y la ignorancia triunfaran.

Al darse cuenta de que una mujer podría derrotar a este enemigo, los dioses unieron sus fuerzas para crear a la guerrera más feroz que el mundo hubiera visto jamás. La diosa resultante pasó a conocerse como Durga, cuyo nombre sánscrito significa literalmente *infranqueable* o *invencible*; también se la conocía como *la que elimina el sufrimiento*. La montura de Durga es un tigre o un león, y se la representa con ocho brazos, que empuñan las armas que le dieron Brahma, Visnú y Shiva. Una vez creada, Durga luchó incansablemente con Mahishasura durante nueve días, hasta acabar derrotándolo, y restablecer así la paz y el equilibrio en el mundo.

A Durga se la celebra sobre todo como una gran guerrera; sin embargo, bajo su gran destreza en la lucha, subyace una profunda compasión, junto con una profunda preocupación por mantener la bondad del mundo. En las representaciones de su batalla con Mahishasura, su rostro se describe como sereno y tranquilo, incluso en los momentos más angustiosos, lo que revela su profundo arraigo en el amor y la rectitud. Durga puede actuar con fiereza para corregir alguna mala acción, pero sin sucumbir al miedo, el odio o la ignorancia. Es un ejemplo de gran amor y cuidado, en tanto que protege a los demás y hace todo lo necesario para mantenerlos a salvo. Al desempeñar este papel, muestra lo formidables que pueden ser las cualidades de la compasión y el amor, semejante al de la madre que levanta un coche para salvar a su hijo. De este modo Durga lucha para proteger a quienes no pueden protegerse a ellos mismos, alzándose contra la opresión, la tiranía y la oscuridad, para restaurar la bondad y el libre albedrío para todos.

La palabra sánscrita *jagatambe* también es un nombre para Durga, que se traduce literalmente como *la madre del mundo*. Este nombre alternativo de Durga supone una forma ligeramente diferente de caracterizarla, como la cuidadora compasiva y protectora sabia, acercándola más a un arquetipo de madre.

Algunas de las otras formas de Durga (Kali, Bhairavi, Ambika) son de las más feroces del panteón hindú: blanden armas de destrucción de masas, llevan los cráneos de sus víctimas como collar e incluso lamen la sangre derramada de sus rivales. Por muy amenazadoras que parezcan estas formas de Durga, en realidad representan su implacable intrepidez para enfrentarse a las peores injusticias, fiel a su nombre de *la que elimina el sufrimiento*.

Aplicación

Una aplicación de la mitología de Durga consiste en trabajar con su sensibilidad y energía en el paisaje interior de nuestras vidas. Acudir a Durga con este mantra invoca en nosotros la capacidad de enfrentarnos a nuestros demonios y vencer nuestros mayores miedos.

El mantra de Durga nos ofrece todas las herramientas que necesitamos para librar nuestras propias batallas: convicción firme, energía positiva, agudeza de conocimiento, liberación de la duda e intrepidez nacida de la sabiduría. Estas herramientas, todas ellas expresiones de la compasión de Durga, nos ayudan a ser más hábiles a la hora de cuidar de los demás y de nosotros mismos. Durga nos ayuda a cambiar hábitos y condicionamientos poco saludables que ya no están en consonancia con nuestros valores más profundos. También nos ayuda a enfrentarnos a nuestro crítico interior y a nuestros demonios internos, esas voces negativas que trabajan para convencernos de que nunca tendremos éxito o de que nunca seremos amados. En su lugar la invocación a Durga fomenta un entorno interior de calidez y amabilidad hacia nosotros mismos, que incluye un cuidado equilibrado de nosotros mismos y el reconocimiento de nuestra bondad básica.

Durga nos ayuda a sentirnos como en casa en nuestra propia mente y corazón, dándonos primero valor y luego cuidando con delicadeza los aspectos de nosotros mismos que necesitan el calor del cuidado incondicional.

La otra aplicación del mantra de Durga es en el ámbito de nuestra vida. El mundo que nos rodea es a menudo un lugar complejo y exigente. Si nos encontramos en una situación difícil y no sabemos cuál es la mejor forma de actuar, este mantra puede ayudarnos a encontrar la claridad y el valor para hacer lo que sea necesario.

La energía de Durga también nos capacita para establecer límites claros en torno a las cosas que no nos sentimos cómodos al hacerlas, en una situación determinada. Durga nos da permiso para decir *no* cuando lo necesitamos, con la autoridad para defender tanto a los demás como a nosotros mismos cuando vemos una injusticia.

La capacidad de Durga para actuar con firmeza puede animarnos a hacer lo mismo, a defender nuestra verdad y luchar por lo que más valoramos en el mundo. Nos enseña a amar y proteger ferozmente lo que más queremos, ya sean nuestros hijos, nuestras parejas y amigos, nuestro trabajo o nuestras iniciativas artísticas. Para algunos, significa luchar para proteger la tierra en la que vivimos y los recursos naturales que nos sustentan, mientras que para otros significa trabajar por la libertad y la justicia para las comunidades marginadas y oprimidas. Durga enciende el fuego en nuestro interior para ampliar cómo y a quién amamos, ofreciéndonos un camino para convertirnos en verdaderos guerreros del amor.

◈ **PRÁCTICA CON EL MALA:** Utilizando un mala, recita el mantra en silencio o en voz alta en rondas de 108.

◈ **PRÁCTICA CANTANDO:** Utilizando la grabación de kirtan del compañero de práctica, canta el mantra junto con la pista de descarga digital en el estilo de llamada y respuesta.

◈ **PRÁCTICA CON LA RESPIRACIÓN:** Utilizando el ritmo natural de la respiración, repite en silencio el mantra en cada inhalación y exhalación.

◈ **PRÁCTICA PASEANDO:** Caminando a un ritmo natural, recita en silencio (o en voz alta) el mantra mientras caminas.

◈ **PRÁCTICA DE ESCRITURA + DIBUJO:** Siguiendo las instrucciones del compañero de práctica, traza o escribe el mantra en sánscrito, o colorea la versión esbozada del mantra.

❖ 9 ❖

MANTRAS PARA LA LIBERACIÓN

ॐ गं गणपतये नमः ॥

AUM GAM GANAPATAYE NAMAHA

- ❖ **MANTRA:** Aum Gam Ganapataye Namaha
- ❖ **PRONUNCIACIÓN:** *ah-OH-mm GUM gun-na-pat-tay-YAE nu-muh-HAH*
- ❖ **BENEFICIOS:** Éxito, prosperidad, eliminación de obstáculos
- ❖ **DEIDAD ASOCIADA:** Ganesha
- ❖ **SIGNIFICADO:** Me inclino ante el eliminador de obstáculos, Ganesha
- ❖ **MITOLOGÍA:** Gam es el mantra semilla de la deidad hindú Ganesha. Cada deidad tiene su propio mantra semilla, que es como una línea directa para invocar a esa deidad en particular.

  Ganesha, una de las deidades más populares del panteón hindú, es respetado universalmente en las subculturas de la tradición hindú. Se le conoce como el dios elefante, representado con la cabeza de un elefante sobre un cuerpo humano. Se le suele representar con el vientre prominente y cuatro brazos, y su montura es un ratón muy pequeño. Se le puede retratar sentado, de pie, en postura de yoga, gateando como un niño, bailando o incluso sentado con su madre. Se cree que Ganesha es hijo de Shiva y su consorte Parvati, aunque hay muchas historias diferentes que explican cómo llegó a existir.

Ganesha es, sobre todo, el eliminador de obstáculos, a menudo invocado al principio de cualquier empresa para garantizar el éxito y la culminación. Los hindúes también lo consideran responsable del aprendizaje y la inteligencia, y, al invocarlo, aumentamos las posibilidades de éxito y prosperidad en todos nuestros empeños.

Una de las características más encantadoras de Ganesha es su gigantesco vientre de Buda. Se cree que ese vientre representa el espacio del universo: el pasado, el presente y el futuro. En una historia se cuenta que Ganesha atrae todo el sufrimiento del mundo a su vientre para transmutarlo en el bien para todos los seres del mundo.

Aplicación

Este mantra es ideal para recitarlo cuando nos sentimos atascados o bloqueados. Cuando nos encontramos con un obstáculo en la vida, puede que no nos sintamos supercreativos en respuesta al obstáculo al que nos enfrentamos. Lo más probable es que nos sintamos frustrados o molestos porque las cosas no van según lo previsto. Ganesha nos ayuda a abordar estos momentos inevitables con más amplitud y curiosidad. Hay muchas maneras de eliminar un obstáculo: podemos cambiar nuestro enfoque, podemos iniciar un diálogo, podemos dejar ir la manera en que pensamos que se supone que debe suceder, o podemos esperar con paciencia a que llegue un mejor momento. Invocar a Ganesha nos ayuda a ver las distintas posibilidades en lo que, de otro modo, puede ser un momento de estrechez de miras y temor. Este mantra nos ayuda a llegar a la meta con mayor facilidad y alegría.

Este mantra también nos ayuda a reconectar con nuestros deseos y a descubrir la mejor manera de hacerlos realidad. Encontrar un obstáculo en el camino hacia cualquier meta o destino en la vida nos obliga a reconectar y comprometernos de nuevo con la meta hacia la que nos dirigimos. Incluso si se trata de algo tan sencillo como unas obras en la carretera cuando te desplazas, si tales obras son lo bastante grandes, es posible que te des la vuelta y regreses a casa. Pero si te gusta tanto tu trabajo que realmente quieres llegar hasta el mismo, volverás a conectar con ese deseo y buscarás otra forma de llegar, aunque sea en globo. La vida a menudo no se hace por un camino recto y, para alcanzar nuestros objetivos, tenemos que ser astutos, creativos e ingeniosos. Trabajar con este mantra de Ganesha es una forma maravillosa de cultivar esa sensibilidad.

- ❀ **PRÁCTICA CON EL MALA:** Utilizando un mala, recita el mantra en silencio o en voz alta en rondas de 108.

- ❀ **PRÁCTICA CANTANDO:** Utilizando la grabación de kirtan del compañero de práctica, canta el mantra junto con la pista de descarga digital en el estilo de llamada y respuesta.

- ❀ **PRÁCTICA CON LA RESPIRACIÓN:** Utilizando el ritmo natural de la respiración, repite en silencio el mantra en cada inhalación y exhalación.

- ❀ **PRÁCTICA PASEANDO:** Caminando a un ritmo natural, recita en silencio (o en voz alta) el mantra mientras caminas.

- ❀ **PRÁCTICA DE ESCRITURA + DIBUJO:** Siguiendo las instrucciones del compañero de práctica, traza o escribe el mantra en sánscrito, o colorea la versión esbozada del mantra.

AUM NAMAH SHIVAYA

- ❈ **MANTRA:** Aum Namah Shivaya
- ❈ **PRONUNCIACIÓN:** *ah-OH-mm nuh-MAA shee-VIE-yuh*
- ❈ **BENEFICIOS:** Liberación y transformación
- ❈ **DEIDAD ASOCIADA:** Shiva
- ❈ **SIGNIFICADO:** Me inclino ante el ser interior, me inclino ante el auspicioso, me inclino ante el verdadero ser.
- ❈ **MITOLOGÍA:** En la mitología hindú, el concepto de cosmos se encuentra personificado por un trío de deidades que representan el ciclo del nacimiento, la vida y la muerte. Estas tres deidades son los dioses más significativos del panteón hindú y, juntos, reciben el nombre de *trimurti* o «tres formas» de la función cósmica: creación, conservación y destrucción. Brahma es conocido como el creador, Vishnu como el sustentador y Shiva como el destructor. En esta mitología, a Shiva el «destructor» se le llama a veces el «transformador». Las historias de Shiva abundan en los textos yóguicos que se remontan a miles de años. Se le considera un gran yogui, que practica la meditación durante miles de años seguidos y lleva una vida de austera renuncia. Se dice que Shiva supervisa los finales y cambios de los ciclos en el cosmos, guiándonos a través de la muerte y la transformación.

El mantra Aum Namah Shivaya se traduce del sánscrito como «Me inclino ante Shiva» o «Me inclino ante el verdadero yo», ya que clásicamente se piensa que Shiva representa el verdadero yo que queda después de que todo lo demás termina: el testigo atemporal e inmortal. Hay muchos devotos de Shiva en la India y fuera de ella, conocidos en la India como shaivitas, muchos de los cuales son yoguis y monjes errantes. Se sumergen en las prácticas y rituales de Shiva. Este mantra lo utilizan tradicionalmente estos linajes, y se cree que su práctica de todo corazón puede purificar la mente para alcanzar la iluminación total. Esto, en parte, se debe a que se cree que Shiva gobierna no solo la destrucción en el mundo exterior, sino también la destrucción en los reinos interiores. Se le considera el destructor del ego; invocándole con este mantra, el practicante ardoroso puede fundirse por completo con la conciencia cósmica. En el norte de la India, en las estribaciones del Himalaya, es frecuente ver a monjes errantes musitando este mantra en voz baja.

Aplicación

Este mantra ofrece una comprensión encarnada del valor y la importancia de la disolución de las cosas, ya sea a un nivel mayor o menor. La cultura occidental pone un énfasis monumental en acumular cosas: dinero, éxito, ropa, amigos, aficiones. El mensaje subyacente en todos los anuncios es que, cuanto más compremos, más felices seremos. Pero todos hemos visto ejemplos de primera mano de personas con un éxito inmenso que son unas completas desdichadas. Y la verdad es que todas las cosas van y vienen, ya sea algo que amamos profundamente o algo hacia lo que tenemos una gran aversión. Tal es el mismísimo ciclo de la vida. Aum Namah Shivaya nos ayuda a encarnar esta perspectiva más amplia y a aflojar el control que a menudo tenemos sobre lo que más apreciamos. En términos prácticos, esto nos permite estar más en el flujo de la vida y menos temerosos de los cambios que se avecinan. Podemos soltar con gracia, con gratitud y con el corazón lleno. Este mantra nos ayuda a limpiar el armario para crear espacio en nuestra vida, a abandonar viejos hábitos que ya no nos sirven o a llorar la pérdida de una mascota querida. Nos permite estar más en armonía con los ciclos naturales de la vida, comprendiendo la idea general de que cuando todas las cosas empiezan, al final acaban; al hacerlo, podemos apreciar el tiempo que tenemos con cualquier persona o cosa. Todos nos enfrentamos a algún tipo de pérdida en nuestras vidas; es lo único de lo que podemos estar seguros. Trabajar con este mantra puede ayudarnos a ser capaces de atravesar esos momentos con amplitud, curiosidad y sabiduría.

Este mantra también nos ayuda a superar el miedo a la muerte, ya que nos aporta una comprensión basada en un profundo conocimiento de la naturaleza de la realidad: todo lo que adquiere forma acaba perdiéndola. Reconocer esta verdad fundamental hace que la vida sea especialmente conmovedora y nos ayuda a valorar el tiempo que tenemos con menos miedo. En lugar de quedarnos atrapados en las cosas que ocupan nuestras vidas, o en los pensamientos que llenan nuestras mentes, podemos depositar nuestra fe en un sentido más profundo de nosotros mismos. Al cantar este mantra, invocamos a Shiva y, al hacerlo, invocamos el aspecto de nosotros mismos que tiene la capacidad de dejar ir con facilidad, que es intemporal y que no conoce límites: la parte más íntima de nosotros mismos que se asienta, inquebrantable, como una montaña, incluso en los momentos más tumultuosos.

Este mantra ofrece una gran paz mental, conectándonos con nuestro sentido más profundo de nosotros mismos.

- ❁ **PRÁCTICA CON EL MALA:** Utilizando un mala, recita el mantra en silencio o en voz alta en rondas de 108.

- ❁ **PRÁCTICA CANTANDO:** Utilizando la grabación de kirtan del compañero de práctica, canta el mantra junto con la pista de descarga digital en el estilo de llamada y respuesta.

- ❁ **PRÁCTICA CON LA RESPIRACIÓN:** Utilizando el ritmo natural de la respiración, repite en silencio el mantra en cada inhalación y exhalación.

- ❁ **PRÁCTICA PASEANDO:** Caminando a un ritmo natural, recita en silencio (o en voz alta) el mantra mientras caminas.

- ❁ **PRÁCTICA DE ESCRITURA + DIBUJO:** Siguiendo las instrucciones del compañero de práctica, traza o escribe el mantra en sánscrito, o colorea la versión esbozada del mantra.

जयू गुरुदेवू

JAI GURUDEV

- ❈ **MANTRA:** Jai Gurudev
- ❈ **PRONUNCIACIÓN:** *JAAY gu-ru-DEV*
- ❈ **BENEFICIOS:** Sabiduría, claridad, humildad
- ❈ **DEIDAD ASOCIADA:** Gurú o maestro (interior y exterior)
- ❈ **SIGNIFICADO:** Victoria para el maestro que hay en mí, el que sabe
- ❈ **MITOLOGÍA:** Jai Gurudev es un mantra relacionado con el gurú. La palabra sánscrita *gurú* puede descomponerse en dos aspectos: *Gu* significa literalmente «oscuridad» y *ru* significa «luz». Combinada, la palabra significa «de la oscuridad a la luz» o «el removedor de la oscuridad». En las traducciones más esotéricas de la palabra, se considera que el gurú es el aspecto más profundo y omnisciente de nosotros mismos: la parte de nosotros que está totalmente iluminada, libre de ignorancia, la parte de nosotros que sabe. En el pensamiento hindú tradicional, cuando encontramos a un maestro en nuestras vidas, en realidad no es más que un reflejo de este gurú y maestro interior. El maestro exterior nos está reflejando la sabiduría que ya está dentro de nosotros, y simplemente nos ayuda a realizar plenamente y descubrir nuestra propia sabiduría innata.

Al cantar el mantra Jai Gurudev, pedimos la victoria del gurú que hay dentro de nuestros corazones y mentes. Pedimos la eliminación de la ignorancia de/en nuestro propio ser. Este mantra es una invocación al maestro que llevamos dentro, para que ilumine el camino hacia nuestra sabiduría y felicidad más profundas.

En Oriente, el gurú se considera la encarnación de las mejores virtudes del ser humano. El gurú es también el maestro que transmite las técnicas y la filosofía de un linaje espiritual para que otros aprendan de él y lo adopten. Los gurús capacitan a los estudiantes o buscadores en su camino individual de descubrimiento, sea cual sea la forma que adopte. En la tradición hindú un gurú familiar puede desempeñar un papel similar al de un abuelo o una abuela sabios en la unidad familiar. Se busca el consejo del gurú para cuestiones domésticas sencillas, como qué trabajo aceptar o cómo manejar una situación familiar difícil.

Lamentablemente, el concepto y la tradición del gurú han sido terriblemente maltratados, distorsionados y corrompidos por muchos, y es uno de los conceptos más difíciles de traducir de la cultura oriental a la occidental. El papel del gurú es tan ajeno a la cultura occidental que ha dado lugar a algunas personificaciones extrañas y dañinas. Abundan los ejemplos de personas que dicen ser gurús y que, en realidad, solo explotan a los demás o utilizan su posición para oprimir a otros y adquirir poder con el pretexto de «ayudar a los demás». Por eso es bueno entender que este mantra no trata en absoluto de ceder tu poder, sino de ayudarte a reclamarlo. No tenemos que depender de otra persona en nuestra vida para aprender, crecer y avanzar, y este mantra puede actuar como catalizador para hacerlo. Podemos descubrir por nosotros mismos lo que necesitamos hacer y cómo hacerlo de forma saludable.

Aplicación

Este mantra es maravilloso en momentos de confusión y duda. Sabe atravesar las nubes de la incertidumbre para ayudarte a encontrar la claridad interior y desarrollar la determinación de seguir adelante. Este mantra puede ser un valioso recurso y una herramienta de potenciamiento, que te ayuda a cultivar la confianza en ti mismo, en tus instintos y en tu instinto para informar profundamente tu vida. Es como poder llamar por teléfono a la versión futura de ti mismo, que conoce el mejor camino a seguir y los baches que debes evitar.

Esta invocación también cultiva la humildad. Al invocar a la parte de nosotros que sabe, reconocemos implícitamente nuestro no saber. Primero, debemos vaciar nuestra copa para poder llenarla. Por lo tanto, cuando invocamos al gurú interior, hay algo de entrega: es una humilde petición de apoyo cuando lo necesitamos.

Los mensajes de un gurú también pueden llegar de formas divertidas y poco convencionales. Puede ser una sabia idea de un amigo, un garabato al azar que nos habla desde un grafiti que pasa en un tren, la canción perfecta que suena cuando estamos escuchando música. Al trabajar con este mantra, podemos abrirnos a la sabiduría que nos ofrece el universo, especialmente cuando más la necesitamos.

❀ **PRÁCTICA CON EL MALA:** Utilizando un mala, recita el mantra en silencio o en voz alta en rondas de 108.

❀ **PRÁCTICA CANTANDO:** Utilizando la grabación de kirtan del compañero de práctica, canta el mantra junto con la pista de descarga digital en el estilo de llamada y respuesta.

❀ **PRÁCTICA CON LA RESPIRACIÓN:** Utilizando el ritmo natural de la respiración, repite en silencio el mantra en cada inhalación y exhalación.

❀ **PRÁCTICA PASEANDO:** Caminando a un ritmo natural, recita en silencio (o en voz alta) el mantra mientras caminas.

❀ **PRÁCTICA DE ESCRITURA + DIBUJO:** Siguiendo las instrucciones del compañero de práctica, traza o escribe el mantra en sánscrito, o colorea la versión esbozada del mantra.

❖ 10 ❖

APLICACIÓN DIARIA DE LOS MANTRAS

HAY INFINITAS MANERAS DE APLICAR LA PRÁCTICA del mantra a tu vida, más allá de las prácticas formales expuestas anteriormente en este libro. Estas prácticas de mantras más informales sirven de puente entre los estados más profundos del ser a los que accedemos en la práctica formal y el espacio que habitamos el resto del día. Al volver a los mantras a lo largo del día, rompemos suavemente el flujo de un día en el que, de otro modo, podríamos estar funcionando con el piloto automático. Algunos de los métodos de este capítulo proceden de la tradición hindú, mientras que otros son mi aplicación personal de la práctica de los mantras durante los últimos veinte años.

Estas técnicas no pretenden sustituir la práctica formal, sino ampliarla. Cuando se integran plenamente en tu vida, pueden iluminarla con intención, concentración y conexión profunda.

ILUMINAR LA RUTINA

Una de las formas más sencillas de introducir la práctica de los mantras en tu vida es incorporarlos a las tareas cotidianas. Cualquier actividad puede darte pie a recitar un mantra, aportando un nuevo significado a una tarea que de otro modo sería ordinaria y dándote la oportunidad de reconectar con tu práctica y contigo mismo en ese momento. Puede ser tan sencillo como recitar un mantra cada vez que pases por una puerta o cuando oigas una notificación en el móvil. La actividad que elijas para activar la repetición del mantra puede ser una que se realice una vez al día o muchas veces a lo largo del día. Dependiendo de la actividad que elijas y del mantra con el que estés trabajando, puede tratarse de una sola repetición del mantra o de varias. Para probar este tipo de práctica informal, elige una o dos actividades durante unos días, para ver cómo te funciona. Luego, si te resulta adecuada, puedes comprometerte a realizarla durante más tiempo. Verás que no se tarda mucho en crear el hábito de recitar el mantra. Éstas son algunas tareas habituales que funcionan bien para estimular la práctica del mantra:

- ❀ **Tareas domésticas:** Lavar los platos, la ropa u otras tareas domésticas.
- ❀ **Higiene personal:** Ducharse, cepillarse los dientes, lavarse la cara, maquillarse.
- ❀ **De viaje:** Reproduce alguna grabación de kirtan mientras conduces, caminas, vas en bicicleta, tomas el metro o viajas en autobús.
- ❀ **Esperar:** Cuando te encuentras esperando en un semáforo o a que empiece una reunión, o estás en la cola de correos.

❁ **Ejercicio:** La práctica silenciosa del mantra es un gran complemento para cualquier forma de ejercicio, ya sea correr, nadar, levantar pesas en el gimnasio, la clase de yoga o esquiar. Incluso puedes utilizar el mantra como mecanismo de recuento para saber cuánto tiempo debes mantener una posición o para marcar las repeticiones.

Algunas acciones pequeñas y repetidas que también funcionan bien para estimular la práctica informal del mantra son las siguientes:

- ❁ Cada vez que compruebes o utilices un dispositivo
- ❁ Cada vez que beba aguas
- ❁ Cada vez que pongas en marcha tu coche
- ❁ Cada vez que abras el frigorífico
- ❁ Cada vez que te laves las manos
- ❁ Cada vez que enciendas una luz
- ❁ Cada vez que atravieses una puerta
- ❁ Cada vez que saludes a alguien
- ❁ Cada vez que envíes un correo electrónico

PRÁCTICA INFORMAL DE MANTRAS

Superar los pensamientos negativos

Los mantras pueden ser una herramienta eficaz para trabajar con los pensamientos negativos. En la tradición yóguica, esta técnica es una variación de *Pratipaksha Bhavana*. *Pratipaksha Bhavana*, que es una práctica que consiste en trabajar con los pensamientos negativos, pensando conscientemente lo contrario de ese pensamiento como respuesta al mismo. La variación mantra de esta práctica consiste en repetir un mantra cada vez que notes que un pensamiento negativo cruza tu mente. No es un intento de reprimir o alejar el pensamiento negativo, sino, tan solo, una forma de cambiar el enfoque. Puedes ponerlo en práctica siempre que detectes el pensamiento negativo: Simplemente repite el mantra en silencio, como si estuvieras tapando el pensamiento con el propio mantra. Por ejemplo, cuando notes un pensamiento como «la verdad es que parecí un tonto en esa reunión», tapa el pensamiento con Aum *Namah Shivaya* inmediatamente después. Esta técnica evita que caigas en el agujero de gusano de la autoconversación negativa, simplemente desviando tu atención a otro lugar. Así, en lugar de creer que el pensamiento negativo es correcto o castigarte por haber tenido el mismo, puedes interrumpir el proceso cambiando el mantra.

Contrarrestar las emociones negativas

Los mantras pueden ser un poderoso antídoto contra estados emocionales que producen angustia, tales como la ansiedad, el miedo o la soledad. Si te encuentras en una situación así, prueba a repetir para tus adentros un mantra, durante unos minutos. Una variante ligeramente más intensa de esta práctica consiste en sincronizar la repetición silenciosa del mantra con la respiración. Esta variación funciona mejor con mantras más cortos, con los que puedes sincronizar la duración de una repetición con la inhalación y, a continuación, la siguiente repetición con la exhalación. Esta es una forma sencilla de contrarrestar cualquier respuesta fisiológica de huida o lucha que puedas estar experimentando como resultado de tu estado mental.

Potenciarte gracias a la protección y al apoyo

En muchas de las historias míticas del bien y del mal de la mitología hindú, los mantras se utilizan como forma de protección en el campo de batalla. Podemos aplicar esa misma lógica cuando nos enfrentamos a situaciones difíciles, utilizando un mantra para fortalecernos. Si te enfrentas a una situación que sabes que va a ser difícil para ti, tómate unos minutos antes para cargarte de energía con un mantra. Puedes escuchar tu grabación favorita de kirtan, hacer algunas rondas de japa o escribir un mantra para centrarte y reforzar tu confianza. Si te tomas unos minutos para reconectar con tu yo más profundo, podrás abordar la situación en un estado equilibrado de alerta relajada, en lugar de hacerlo desde el miedo.

Insuflar energía positiva a los alimentos

Otro ámbito en el que los mantras se utilizan habitualmente en la cultura india es la cocina. En los ashrams y templos es habitual que quienes preparan la comida canten mantras para infundir energía positiva a los alimentos. Puedes aplicar el mismo concepto en tu propia cocina, practicando mantras mientras cocinas o cantando un mantra en un plato justo antes de comerlo. En ambos casos, el propósito es enviar el mantra directamente a la comida, cargándola de energía positiva generada por los mantras. Se considera que la comida *insuflada* con mantras es muy beneficiosa para la persona que la consume, y puede ser un maravilloso agente curativo para cualquiera que se encuentre mal. Las bebidas también pueden cargarse con un mantra antes de consumirse.

Recordatorios táctiles

Las piedras de bolsillo o las piedras *de la preocupación* pueden ser herramientas maravillosas para manejar situaciones difíciles a lo largo del día, y una pulsera o un collar mala pueden servir para el mismo propósito. La experiencia táctil de tocar las cuentas del mala puede servirte de recordatorio y de conexión a tierra mientras estás en una reunión o de viaje. Y si dispones de unos minutos para concentrarte plenamente, puedes incluir una ronda de práctica formal de mantras a lo largo del día.

Práctica de mantras para otros

La práctica del mantra puede hacerse en beneficio de otras personas o grupos, especialmente de quienes no tienen capacidad para practicarlo por sí mismos. Si tienes un amigo que va a ser operado, o conoces a alguien que está pasando por un mal momento, dedicarle tu práctica de mantras puede ser una forma poderosa de conectar con él y enviarle energía positiva y cariño. Muchos monjes errantes de las tradiciones orientales recitan mantras únicamente en beneficio de los demás. Y creas o no en el poder de la oración, ofrecer un mantra por los que sufren puede ser el gesto genuino de la bondad de corazón.

La práctica del mantra también puede tener un efecto maravilloso en las personas que se encuentran cerca de ti, cuando cantas o pronuncias un mantra en voz alta para que los demás lo oigan. A muchos niños les encanta escuchar mantras, al igual que a muchos animales. Los sonidos pueden ser relajantes, sobre todo cuando están pasando por un momento difícil. Algunos padres tocan o cantan mantras en el útero durante el embarazo para que el niño tenga un anclaje auditivo después de nacer.

CONSEJO PROFESIONAL: MANTRA PARA NIÑOS

A muchos niños les encanta cantar, y entonar mantras puede ser una actividad maravillosa para hacerla juntos. Puede ser una actividad tranquila y calmante, cuando sea necesario, o una actividad de mayor energía que les inspire a moverse, bailar o jugar.

❈ ❈ ❈

EL DÍA A DÍA DEL MANTRA

AL DESPERTAR: Aum tres veces

DESAYUNO: Carga tu comida con mantra

PRÁCTICA MAÑANA: Entona mantras bija para restablecer tus chakras

IR AL TRABAJO: Canta en el coche o en el metro

EN EL TRABAJO: Lleva un mala en el bolsillo y haz una ronda de lo siguiente según lo necesites:

- ❃ **Antes de una reunión importante:** *Aum Gam Ganapataye Namaha*
- ❃ **Antes de dar un discurso importante:** *Asato Ma Satgamaya*
- ❃ **Cómo tratar a un compañero de trabajo con problemas:** *Jaya Jagatambe MaDurga*
- ❃ **Cuando necesites concentración mental e iluminación:** *Gayatri Mantra*
- ❃ **Manejar un conflicto:** *Lokah Samastah*

AL ALMUERZO: Carga tu comida con mantra

PRÁCTICA DE CAMINATA DESPUÉS DE COMER: *Soham* cinco minutos

AL VOLVER DEL TRABAJO: Canta en el coche, en el metro o en el autobús.

PREPARAR LA CENA: Carga tu comida con un mantra

TIEMPO EN FAMILIA: Dibuja o colorea mantras

ANTES DE ACOSTARSE/AL FINAL DEL DÍA: *Aum Shanti* tres veces

A medida que profundices en tu relación con la práctica de los mantras, encontrarás infinitas formas de incorporarlos a tu vida. Puedes empezar a confiar en tu práctica para apoyar la calidad de vida que deseas, y adaptarla al flujo y reflujo cambiantes de tu vida a medida que se desarrolla. En tiempos difíciles puedes utilizar la práctica para ganar claridad y coraje; en tiempos de calma, puedes liberar tu poder creativo latente; en tiempos de escasez, puedes recargarte y crear espacio interior; en tiempos de dolor, puedes curarte y calmarte; en tiempos de inquietud, puedes enraizarte; y en tiempos de alegría, puedes invocar la gratitud en abundancia. Disfruta con este recurso inagotable.

PREGUNTAS SOBRE MANTRAS

❖ **¿TENGO QUE SER UN BUEN CANTANTE PARA PRACTICAR KIRTAN?** Por supuesto que no. No hace falta ser Céline Dion para practicar el mantra. Algunos de los practicantes de mantras más competentes que conozco no son músicos, tienen voces graves, pero cantan los mantras con tanto entusiasmo que es increíblemente hermoso escucharlos. Recuerda que no se trata de una actuación ni de una competición para ver quién canta un mantra de forma perfecta. Así que, aunque es importante dedicar algo de tiempo a aprender la pronunciación de un mantra, más allá de eso, puedes dejar de preocuparte por cómo suenas en tu práctica, ¡y simplemente lanzarse a conseguirlo!

❖ **NO SIENTO NADA CUANDO HAGO LA PRÁCTICA DEL MANTRA. ¿LO ESTOY HACIENDO MAL?** Por supuesto que no. Habrá momentos en tu práctica en los que te sientas totalmente en paz y zen, mientras que otros te sentirás aburrido y seco, como si no pasara nada. Y, por supuesto, habrá muchos días en los que estés enfadado, triste o desconectado. Todo esto es muy normal, y es importante entender que estos diferentes estados emocionales no reflejan tus habilidades como practicante de mantras. Las emociones van y vienen, y no están bajo nuestro control. Es común suponer que, si nos sentimos bien en una sesión de mantra, es porque estamos haciendo algo bien, y si nos sentimos mal en una sesión de mantra, es porque estamos haciendo algo mal. No te creas todo lo que se dice. El verdadero poder de esta práctica está en el cultivo de habilidades más profundas (concentración, resiliencia y bondad) que se encuentran bajo la superficie. En otras palabras, la práctica del mantra no consiste en fabricar un estado emocional específico, sino en descubrir nuevas formas de relacionarnos con lo que sentimos. Por supuesto, puedes elegir trabajar con un mantra para invocar una cualidad específica en tu vida, pero esto es algo que surge de forma natural con el tiempo y no en la misma sesión exacta de práctica. Por lo tanto, una medida más precisa de si estás comprendiendo o no el espíritu de la práctica podría ser: ¿Puedo ser amable conmigo mismo los días que lo paso mal? ¿Puedo concentrarme más los días que estoy más disperso? ¿Puedo ser paciente conmigo mismo los días que la práctica me aburre? ¿Puedo ser tierno y dejarme llevar sin juzgarme por sentir miedo?

❋ **¿CÓMO PUEDO SABER SI LA PRÁCTICA FUNCIONA?** Para ver si la práctica te está beneficiando, te recomendaría que primero te dieras un periodo de tiempo; por ejemplo, un mes, para llevar a cabo la práctica de forma regular, sin evaluarla constantemente. Una vez que le hayas dedicado tiempo, la mejor forma de evaluar si la práctica funciona es observar tu vida, no la práctica en sí. ¿Ha cambiado tu estado de ánimo general desde que practicas? Si antes perdías los nervios diez veces al mes, ahora solo los pierdes cinco veces. Otra buena señal de que la práctica está funcionando es que no te quedas atrapado en la ira tanto tiempo como antes. En otras palabras, seguirás enfadándote, pero en lugar de tardar un día en superarlo, quizá solo tardes unas horas. Otra forma de medir si la práctica funciona o no es cómo te sientes de conectado contigo mismo y con los demás. ¿Estás más en sintonía con tu propio flujo y reflujo a lo largo del día? Por último, puedes comprobar tu capacidad de recuperación. Si te topas con un fracaso o das un paso en falso de algún tipo, ¿eres capaz de recuperarte con más facilidad que antes? Puedes averiguar por ti mismo si las prácticas te están ayudando lo suficiente como para justificar que continúes con ellas.

❖ ¿HAY UNAS TÉCNICAS DE MANTRA MEJORES QUE OTRAS?

Te recomiendo que busques la técnica que más te guste. Desde un punto de vista práctico, la técnica que más te guste es la que más harás, y esto es lo que más te beneficiará. Si adaptas la práctica del mantra a tu vida, tendrás más éxito.

❖ ¿TENGO QUE SER HINDÚ PARA UTILIZAR MANTRAS?

Aunque estas prácticas proceden de la tradición hindú, no tienes por qué suscribirte a las prácticas religiosas de esa cultura para beneficiarte enormemente de ellas. Sea cual sea tu fe, los mantras pueden ser una herramienta para que conectes más profundamente con esas creencias y valores.

❖ HE OÍDO QUE TU MANTRA DEBE SER UN SECRETO. ¿ES CIERTO?

Hay algunas tradiciones que utilizan mantras secretos, pero la mayoría de los mantras se comparten sin restricciones.

CONCLUSIÓN

Durante la última década he puesto a prueba las prácticas de los sonidos sagrados, para averiguar si pueden ser una fuerza de sanación e iluminación en mi vida. He utilizado mantras en momentos de inmensa alegría, en momentos de gran miedo y pérdida, y en todos los espacios intermedios. Haz el mismo experimento. Descubre por ti mismo si los mantras pueden cambiar realmente tu vida. Pon en práctica las herramientas de este libro y experimenta qué ocurre. Deja que tu vida se convierta en un laboratorio para descubrir nuevas formas de ser a través del poder de los sonidos sagrados. Espero que te aporten una tremenda paz, claridad y alegría, como lo han hecho conmigo.

RECURSOS

Compañero de prácticas

Para ayudarte en la práctica de los mantras, descárgate el complemento gratuito desde www.lilycushman.com/LBOMdownload, que incluye los siguientes elementos para cada mantra del libro:

1. Audioguía de pronunciación
2. Grabaciones de Kirtan para el canto de llamada y respuesta
3. Escribir las instrucciones del mantra
4. Guía de rastreo de mantras
5. Esquema del mantra para colorear

Lista de reproducción de Spotify

Lista de reproducción Kirtan por Lily: www.bit.ly/LBOMplaylist

Artistas de Kirtan recomendados

AMBIKA: ambikachant.com

DEVADAS: devadasmusic.com

JAI UTTAL: jaiuttal.com

KRISHNA DAS: krishnadas.com

NINA RAO: ninaraochant.com

SHYAMA CHAPIN: shyamachapin.com

Sitios relacionados con los mantras

RED BE HERE NOW: beherenownetwork.com

FUNDACIÓN CALL AND RESPONSE: callandresponsefoundation.org

CALIGRAFÍA CHARLIE COX MANTRAS: instagram.com/charlie_r_cox

KESHAV MUSIC IMPORTS: keshav-music.com

KIRTAN CENTRAL: kirtancentral.com

MANTRALOGÍA: mantralogy.com

ESTUDIOS DE SANSCRITO CON MANORAMA: sanskritstudies.org

VANARAS MUSIC: vanarasmusic.com

Lecturas recomendadas

Bryant, Edwin F. Bhakti Yoga: *Tales and Teachings from the Bhagavata Purana*. Nueva York: North Point Press, 2017.

Das, Krishna. a. *Chants of a Lifetime: Searching for a Heart of Gold*. Carlsbad: Hay House, 2010.

Hersey, Baird. *The Practice of Nada Yoga: Meditation on the Inner Sacred Sound*. Rochester: Inner Traditions, 2014.

Kempton, Sally. *Awakening Shakti: The Transformative Power of the Goddesses of Yoga*. Boulder: Sounds True, Inc., 2013.

Rajagopalachari, C., traductor. *Mahabharata*. Mumbai, India: Bharatiya Vidya Bhavan, 1951.

——, traductor, *Ramayana*. Mumbai, India: Bharatiya Vidya Bhavan, 1951.

Vivekananda, Swami. *Bhakti Yoga: The Yoga of Love and Devotion*. Calcuta, India: Vedanta Press & Bookshop, 1978.

AGRADECIMIENTOS

Ante todo, quiero dar las gracias a mis maestros, sin los cuales me habría perdido, roto y ahogado: Lelelewa, que me puso en el camino cuando tenía dieciocho años. Dharma Mittra, mi primer maestro, que me enseñó por primera vez que era capaz de mucho más de lo que creía, y las muchas formas que puede adoptar la devoción. Krishna Das, que me trajo a casa, a Maharaj-ji, a Siddhi Ma y a mi comunidad, y cuyo cuidado y apoyo nunca podré comprender o devolver plenamente. Sharon Salzberg, que me enseñó a amarme a mí misma y a ser yo misma, y me abrió el camino a seguir.

Estoy profundamente agradecida al personal y a los profesores de la Escuela de Yoga de Brooklyn durante los últimos nueve años. Sin su generosidad, trabajo duro y fe en mi misión, BYS nunca habría cobrado vida para ayudar a tantos.

También estoy increíblemente agradecida a nuestra comunidad de estudiantes por aparecer continuamente y hacer el trabajo.

He sido agraciada con la amistad de tres grandes mujeres: Ambika Pressman, Janaki Kagel y Katurah Hutcheson, que me han ayudado en mis momentos más oscuros, me han hecho reír hasta orinar y sin las cuales estaría totalmente perdido. Mi inmensa gratitud a los talentosos músicos que han apoyado mis cantos durante tantos años y a mis compañeros de kirtan: Anjula, Devadas, Nina, Sharada y Shyama. Profundo amor a mi familia, por su continuo amor y apoyo: Papá, Billinski, Mary y mi roca, Spencer.

Este libro ha contado con el apoyo de muchos amigos y colegas. Muchísimas gracias a Joy Harris y Adam Reed por representarme, a Charlie Cox por sus preciosas ilustraciones de los mantras, a Amishi Jha por sus conocimientos científicos, a Manorama y Kurt Lindsey, por sus conocimientos de sánscrito, y a Sarah Tomlinson, por sus contactos y su inspiración.

Infinita gratitud a Alex Deleuse, por acompañarme en la escritura de este libro con incontables horas de apoyo, y por supuesto, al sol y a la luna.

Por último, pero no por ello menos importante, gracias a mi editora, Kate Zimmermann, por traerme a este proyecto y apoyarme en cada paso del camino.

SOBRE LA AUTORA

Lily Cushman es profesora, escritora y música afincada en Brooklyn. Criada en Boise, Idaho, en una forma de entender la vida ruda pero sofisticada, Lily estudió música desde muy joven y acabó trasladándose al este para estudiar en el Berklee College of Music. Allí se embarcó en un viaje de toda la vida estudiando yoga y meditación, buscando una forma de vida más conectada y holística. Durante los diez años siguientes, Lily se forjó una carrera como música, vocalista, productora e ingeniera de sonido en Boston y Nueva York. A pesar del éxito de su trabajo, la volatilidad de la industria musical la llevó gradualmente al agotamiento y, en 2007, Lily empezó a cambiar de rumbo para centrarse en la enseñanza del yoga y la meditación a tiempo completo.

En 2010 Lily cofundó la Escuela de Yoga de Brooklyn, un centro de yoga basado en donaciones votado como «Lo mejor de Nueva York» por *la revista NY Magazine*, del que actualmente es directora. Durante más de una década, Lily ha organizado eventos de yoga, meditación y cánticos en el área metropolitana de Nueva York, y actualmente trabaja como jefa de personal de la mundialmente conocida profesora de meditación Sharon Salzberg. Las enseñanzas de Lily son una síntesis de las antiguas prácticas corporales del Yoga Clásico, las prácticas del corazón del Bhakti Yoga y las prácticas mentales de la Meditación Insight. Combinadas de forma experta a lo largo de 20 años de práctica y estudio diarios, sus enseñanzas proporcionan un camino accesible para la vida despierta en el siglo XXI. *El pequeño libro de los mantras: Una introducción a los sonidos sagrados* es su primer libro. Para más información, música, escritos y una lista de eventos, visite su sitio web en www.lilycushman.com.

ÍNDICE TEMÁTICO